现代体能训练方法设计研究

郭书胜　著

吉林出版集团股份有限公司
全国百佳图书出版单位

图书在版编目（CIP）数据

现代体能训练方法设计研究 / 郭书胜著. -- 长春：
吉林出版集团股份有限公司，2021.7
ISBN 978-7-5731-0049-8

Ⅰ. ①现… Ⅱ. ①郭… Ⅲ. ①体能－身体训练－研究
Ⅳ. ①G808.14

中国版本图书馆CIP数据核字（2021）第146249号

XIANDAI TINENG XUNLIAN FANGFA SHEJI YANJIU
现代体能训练方法设计研究

著　　者	郭书胜
责任编辑	冯　雪
装帧设计	马静静

出　　版	吉林出版集团股份有限公司
发　　行	吉林出版集团社科图书有限公司
地　　址	吉林省长春市南关区福祉大路5788号　邮编：130118
印　　刷	三河市德贤弘印务有限公司
电　　话	0431-81629712（总编办）　0431-81629729（营销中心）
抖 音 号	吉林出版集团社科图书有限公司 37009026326

开　　本	710 mm×1000 mm　1 / 16
印　　张	11.75
字　　数	203 千字
插　　图	53 幅
版　　次	2022 年 4 月第 1 版
印　　次	2022 年 4 月第 1 次印刷

书　　号	ISBN 978-7-5731-0049-8
定　　价	78.00 元

如有印装质量问题，请与市场营销中心联系调换。0431-81629729

前　言

体能是运动员从事运动训练和参与比赛的前提与基础,运动员在训练和比赛中通过发挥高超技术而获取优异成绩的前提是拥有良好的体能素质。科学的体能训练能够促进运动员基本运动能力及专项体能素质的发展。为了使运动员能够通过长期系统的体能训练而增强体能素质,提高专业技术技能,要特别重视对体能训练方法的科学设计。但现代体能训练中存在不重视准备活动与整理活动、徒手训练单调乏味、训练组织与实施方式单一等常见问题,严重影响了体能训练的效果和运动员专项体能的发展。针对这些问题,应从客观实际出发而设计科学化、多元化、新颖化的训练方法,提升运动员参与体能训练的积极性,最终提高训练效果,使运动员具备良好的体能素质,为参与比赛奠定扎实的体能基础。基于此,作者在查阅大量相关著作文献的基础上,精心撰写了《现代体能训练方法设计研究》一书。

本书共有七章内容,第一章阐述体能训练的基本理论知识,包括体能训练的发展历史、构成要素、作用、原则以及评估。通过阐述体能训练的基本理论,能够了解体能训练发展的来龙去脉,对体能训练的基础知识形成基本认知,并为进一步研究体能训练方法奠定基础。第二章分析体能训练的科学理论基础,包括生理学基础、心理学基础、运动学基础以及营养学基础。体能训练涉及多个学科的知识与规律,只有充分掌握学科知识与规律,在多学科的理论支撑下指导体能训练实践,才能保证体能训练的科学性,提高体能训练效果。第三章至第七章是本书的重点,主要研究各项身体素质训练,涉及平衡与稳定性、力量素质、速度素质、耐力素质以及柔韧与协调素质等多项身体素质,不仅重点探讨了这些素质的训练方法,而且提出了训练的注意事项,并以武术为例进行了专项分析。只有全面训练与提升这些身体素质,才能整体提高运动员的体能水平,为提升竞技能力奠定体能基础。

总体而言,本书具有以下几个特点。

第一,系统性。本书主要围绕体能训练方法这条主线展开研究,首先阐述体能训练的基本理论,其次分析体能训练的理论基础,最后详细探究各项身体素质的训练方法。结构合理,逻辑清晰,层层推进,具有较强的系统性。

第二,全面性。本书在体能训练方法设计的研究中,涉及平衡与稳定素质、力量素质、速度素质、耐力素质以及柔韧与协调素质等多项身体素质,内容丰富全面,旨在全面提升运动员的体能水平。

第三,创新性。很多体能训练研究都只侧重于力量、速度、耐力、柔韧及灵敏五大身体素质,而关于平衡与稳定性训练的研究并不多。事实上,平衡能力和稳定性也是影响运动员体能和竞技能力发展的重要因素,良好的平衡能力与稳定性能够帮助运动员控制好身体姿态,提高运动技能,预防损伤,为整体提升体能与竞技能力奠定基础。本书基于对平衡能力与稳定性重要性的认识而研究了该素质的训练方法,这是本书的一个亮点。此外,本书结合案例进行体能训练方法研究,以武术项目为例研究专项训练方法,能够为提高武术运动员的一般体能与专项体能提供科学指导。

总之,本书重点研究现代体能训练的方法,具体探讨了各项身体素质训练的科学方法、手段及注意事项,并以武术为例分析武术专项体能训练方法。希望本书能够为改善现代体能训练方法、提高体能训练水平与效果以及提升运动员的基础体能与专项体能做出贡献。

本书在撰写过程中参考并借鉴了很多专家、学者的研究成果,在此表示诚挚的感谢。由于作者水平有限,书中难免有不妥与疏漏之处,敬请广大读者批判指正。

作　者
2021 年 3 月

目　录

第一章 体能训练概述

现如今,时代快速发展,体育竞技水平不断提高,尤其是在一些诸如足球、排球、拳击等职业化运动项目上,科学系统的体能训练必不可少。体能已成为影响运动成绩的显性因素,广大教练员和运动员必须高度重视。在备战奥运会的过程中,我国许多运动项目都结合了专门的体能训练,配备了专业的体能训练教练,取得了显著成效。体能训练是现阶段的热点,本章将回顾体能训练的发展史,了解体能训练的构成要素,明确体能训练的作用及要点,从各个方面对体能训练进行较为全面的阐述。

第一节 体能训练发展史简述

一、体能训练的产生与发展

（一）体能训练的产生

有一些证据表明,早在几千年前就曾出现肌肉力量和抗阻训练。公元前 2500 年,许多有关力量竞赛的艺术作品出现在古埃及墓葬的墙壁上。约公元前 1800 年,曾出现小规模的重物投掷比赛。由于战争频发,许多地方都期望建设强大的军队。因此,在古代中国,肌肉力量测试大多为军事服务。

但人们似乎对约公元前六世纪古希腊人在体育和竞技运动方面的追求更加熟悉。雅典各个城邦十分重视体育美学,而斯巴达人则因为渴望建设一支强大的军队而重视体育训练。古希腊的男性和女性都要求拥有良好的身体形态。相比于女性,对男性在身体形态方面的要求更高。在男孩约 6 ~ 7 岁时便被父母送到专门的军事学校,每日的练习项目包括体操、跑步、投掷标枪、铁饼、狩猎等。虽然女性不需要去军事学校,但也要在家接受严格的训练。除此之外,竞技体育也十分受欢迎。例如,首次奥林匹克运动会在公元前 776 年举办,比赛项目包括赛跑、铁饼和标枪、马术、拳击、摔跤和五项全能项目等。希腊有一位名叫 Milo 的著名大力士,据说他是首位使用渐进性负荷的人。有相关记载表明,Milo 在运动训练中每天都会在肩上扛一只小牛,随着小牛渐渐长大,重量超过 1000 斤的母牛也能被他举起并绕着奥林匹亚体育场走上一圈。据考证,最早的健美比赛在斯巴达举行。经体格鉴定,体格有缺陷的斯巴达男性会受到惩处。出于军事目的,在罗马帝国力量训练得到进一步发展。但在罗马帝国灭亡后,宗教强烈反对体育训练,导致在此后的 1000 多年,早期体能训练没有什么发展。

身体训练或身体练习是当代体能训练这一概念产生的源头。追溯早期的身体训练研究,1787 年,德国学者菲劳梅发表了最早的体能训练书籍——《身体训练问题》,从此身体训练开始进入人们的视野。1883 年,法国人格拉朗热发表了《不同年龄身体练习的生理学》,将生理学与运动训练相结合。

"体能"在我国出现的较晚,早期出版的《体育词典》和《现代汉语词典》中均收录"体能"一词,并对其做出了相同的解释:"体能"指在体育活动中,人体各器官系统体现出来的机体能力,包括力量、灵敏、柔韧在内的等基本的身体素质和人体的基础行动能力(如走、跑、跳等)。

(二)体能训练的发展

1. 文艺复兴时期的发展

文艺复兴时期,肌肉力量等相关训练的发展就引起了众多科学家和医学家的关注,极大地推动了力量训练的发展。法国著名作家蒙田在他的相关著作中描述了其父亲通过力量训练获得的益处。德国教育学家阿希姆·卡梅里乌斯撰写相关文章阐述了负重训练如何促进身体健康和运动表现。人们对人体(适应抗阻训练)的认识在极大程度上得益于解剖学的快速发展。其中,《人体构造》一书的意义十分重大,其作者 Bernar dsi egfriedAlbinus(1697—1770)也在其他的著作中对骨骼肌系统做了介绍。这些著作帮助人们了解和认识人体解剖学,并帮助人们清楚地认识到体育运动对身体各方面的影响。

2.19 世纪的发展

19 世纪体能训练逐渐得到普及,体育这一学科迅速发展起来。几位美国教育家采纳修改了几位德国和瑞典的体育教育家的想法与理念。有一些包括体操训练项目在内的严格的体育训练,也有一些训练融入了徒手抗阻训练、健美操、柔韧性训练、竞技运动等多个运动项目。更令人吃惊的是,在课程体系中如药球(类似的器械在古希腊时期就已被使用)、绳子、哑铃、棍棒等抗阻训练器材被广泛运用在各种训练之中。哈佛大学的 Dudley Sargent(1849—1924)医生发明了多种健身器材并且首创萨扎特秒 argent 纵跳测试法,对机体的无氧工作能力进行测试。

19 世纪中叶至 20 世纪初被称为大力士时代,是最有影响力的早期阶段之一。在此阶段,人们意识到肌力和体型可以被塑造和改变,于是在欧洲和北美等地大量开展娱乐和商业化的肌力表演。这些人大多是健壮人士,毫无保留地向人们展示自己健硕的肌肉。其中,几位开创性的力量型运动员极大地帮助了一些阻抗训练的设计与实施。例如,George Barker Windship 医生命名了健康举(硬拉动作范围的一部分)。被称为"伟大的阿波罗"的 Louis Uni(1862—1928)有着惊人的力量,单臂可抓举 80 ~ 90 千克的重物,并使用类似于现今的粗杠进行训练。Attila 教授曾声称自己发明、改造了包括罗马椅在内的多种训练器械。摔跤冠军 George Hackenschmi dt(1877—1968)声称自己发明了哈克深蹲(Hack Squat)。Henry "Milo" Steinborn(1894—1989)做出了其末端可旋转的现代奥林匹克杠铃的原型。

3.20 世纪的发展

1913 年,美国墨菲编著《体育训练》一书,发表了关于一般运动训练理论的初步研究成果。但早期有关训练科学的研究一直集中在单项实践经验上。直至 20 世纪 50 年代,才开始揭示运动训练的普遍规律。1962 年 11 月,"社会主义国家运动训练问题国际科学方法讨论会"在莫斯科举行,会上集中展示了相关的研究成果。其中,《现代运动训练体系》(苏·奥卓林)、《运动训练的远景规划》(苏·纳巴特尼柯娃)、《运动训练的分期问题》(苏·马特维也夫)等构成了运动训练学理论的主体框架。而《运动训练的生物化学基础》(苏·雅可夫列夫)、《运动训练的生理学问题》(苏·法尔费里)等则重点关注运动训练学与其他学科之间的联系。应该说这次会议意义非凡,为运动训练学系统的构建奠定了理论基础。在 1964 年东京奥运会期间,"国际体能测试标准化委员会"成立,制订了相关体能测试,这一举动使体能可量化。在此基础上,构成体能的十大因素被提出:防卫能力、肌力能力、肌爆发力、柔韧性、速度敏捷性、协调性、平衡性、技巧性和心肺耐力。十大因素的提出使人们对体能概念的认识更加清晰。1995 年,Hartmann 又从运动过程中的能量消耗及力量特性两个不同方面来重新认识体能,认为体能是依靠骨骼肌系统、人体三大供能系统(磷酸原、糖酵解、有氧氧化)的能量代谢活动为基础表现出来的一种运动能力。

4.21 世纪至今的发展

21 世纪以来,体能训练发展突飞猛进,不仅向更广阔的领域拓展,而且向更深层次探索。为了更好地普及体能训练的理念与方法,2004年现任美国 EXOS 体能训练机构的首席董事马克·沃斯特根出版了《核心能力》一书,其发行后销量跃居亚马逊排行榜前 23 名,后来又陆续出版了《核心能力的基本要素》《核心能力——高尔夫》等专业书籍。其先进的训练理念赢得好评,一些国际知名运动员纷纷到马克·沃斯特根创办的 API 训练基地进行训练。在休赛期、季前和季中期,几乎所有的运动员都会进行系统的体能训练。现代体能训练主要包括以下几方面的内容:身体训练、技术训练、战术训练、心理训练、智力训练等。

二、体能训练在我国的发展

(一)理论引进阶段:20 世纪 90 年代末—2004 年

20 世纪 90 年代,我国的竞技体育开始重视体能训练,但对于体能训练的认识还是比较模糊的,理论上缺乏必要的支撑,实践上主要以田径、举重等运动为基础。当时,大部分的体能教练都来自于田径和举重项目的教练员,主要训练方法也以速度、力量训练为主,训练方法显得比较单一,没有形成一个完善的体系。

为提高我国备战北京奥运会科学化训练水平,国家体育总局先后组织多期高水平教练员和体育专业人才赴德国、俄罗斯、法国等国家进行培训交流。培训的过程中一批新的训练理念、训练方法和技术不断地被引进到国家队备战重大比赛的训练中,同时开始逐渐应用一些可定量的方法对训练过程进行质量监控,特别是对美国、德国等国家的体能训练的一些新理论、新方法感受强烈,引发了我国竞技体育领域的科研人员、教练员对现代训练和体能训练的新认识与新思考。[1]

2001年以后,我国水上项目在备战雅典奥运会期间,在曾凡辉教授的影响下,提出"自主力量训练"的概念,就是利用自身体重和轻器械进行身体训练的一种理念;随后,袁守龙博士组织翻译出版了《高水平竞技体能训练》,这是国内最早介绍功能训练的译著。同时,如何做好不同运动项目专项的体能训练也日益受到教练员、运动员和科研人员的重视,训练过程中也开始逐渐尝试引进国外一些国外的理论研究成果和实践训练方法;而北京市体育科学研究所的闫琪博士组织翻译出版了《游泳专项体能训练》这一专著,逐步拉开我国运动项目专项体能训练理论研究与实践应用的序幕。在此之后,我国体能训练逐步进入人们的视野,开始获得迅速的发展。

(二)学习消化阶段:2004年后期—2008年

2004年开始,国家体育总局科教司邀请美国体能协会(NSCA)有关专家到我国进行体能培训,先后举办4期美国国家体能协会认证体能训练专家培训,在此期间,一大批年轻的教练员和科研人员积极参加培训,取得了不错的培训成绩,有10多位科研人员与教练员通过考试,获得证书。这是我国第一批获得国际体能教练资格认证证书的人员。随后,2006年在国家体育总局的支持下,在体育总局人事司、科教司和竞体司的指导下,干部培训中心组织第一批20多人的"国家级教练员赴美体能训练培训班",到美国体能协会、马里兰大学等地进行为期21天的学习,这也是国内第一次全面接触美国的体能训练。此后,每年体育总局都会派出1~2批教练员和科研人员到美国或其他体育强国去学习,为国内培养了一批从事体能训练研究的学者,把全新的科学体能训练理念引入各支国家队。这一系列的工作逐步打开了我国竞技体育领域国际体能训练的窗口,带动我国现代体能训练从注重抗阻训练向训练手段多样化、实用性迈进。

通过学习与交流,大量国外先进的有关体能训练的理论成果、训练手段与方法被逐步引进,如悬吊训练、振动训练、康复性体能训练、"核

---

[1] 高炳宏.我国现代体能训练的现状、问题与发展路径[J].体育学研究, 2019,2(02):73-81.

心力量"训练、功能性训练等一批新的训练理论与方法被不同项目的国家队和各省市地方队教练员、科研人员所学习。

（三）吸收应用阶段：2008 年奥运会后—2012 年

这一阶段，我国的体能训练在理论上逐渐形成了以核心力量、动作模式、功能训练、动力链等新概念成为理解现代体能训练的基本框架与核心，在此基础上提出"身体运动功能训练"这一本土化概念。在实践上，协助运动员在 2012 奥运会、2009 和 2013 全运会备战中专项能力提高、伤病预防与控制，在奥运会和全运会上争金夺银等提供了巨大帮助；在发展上，北京市体育科学研究所率先在国内建立"功能性体能训练实验室"和"科学体能训练研究团队"，举办"体能训练专家论坛"；上海体育科学研究所成立"自行车专项体能训练实验室"，举办"国际运动训练创新论坛"；而山东省体科所、广东体育局、北京体育大学等单位也先后成立体能训练相关的研究室或实验室，都取得了不错的成绩。[①]

综上所述，这一时期是我国系统全面地学习、消化、借鉴、嫁接现代国际体能训练理念、理论和方法的重要时期，对于我国竞技体育的发展具有重要的推动作用。

（四）蓬勃发展与创新阶段：2012 年奥运会后至今

自体能训练理论引入我国后，其发展主线与核心服务优秀运动员备战奥运会与国内外重大比赛，2012 年奥运会后，现代体能训练的概念已被我国广大竞技体育工作者所熟知、认可，并取得了较为丰硕的成果，在理论研究和实践应用方面初步形成"本土化，多元化"的发展特点。近些年来，在以服务竞技体育为主导的模式下，体能训练的研究与应用逐步向全民健康、儿童青少年、老年人康复和特殊人群辐射，其发展态势良好。伴随着时代的不断发展和进步，体能训练的应用领域也越来越广阔，并发挥着其应有的作用。

---

① 高炳宏.我国现代体能训练的现状、问题与发展路径[J].体育学研究，2019，2（02）：73-81.

第二节　体能训练的构成要素

一、体能的六大构成要素

体能主要包括六大要素(图1-1)。

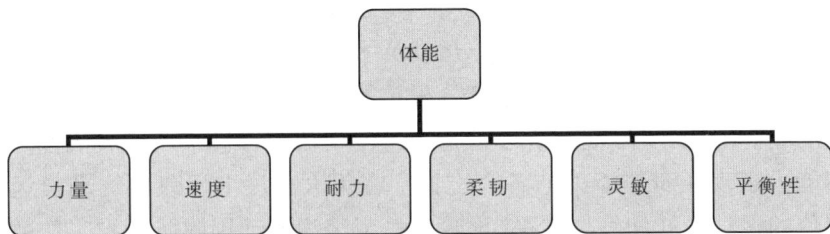

图 1-1　体能六大要素

(1)力量。力量是运动员一项非常重要的竞技能力。力量素质是指在神经系统的支配之下,人体或身体某部分通过肌肉收缩克服阻力的能力。在进行体能训练时,最大力量的提高要求更多的运动单位的参与,从而使肌肉体积的增大成为可能。原始数据表明,最大力量重复3~5次,并且采用多组训练,能促进最大力量的发展、各种肌肉纤维的增粗,因为这种训练使所有的运动单位得到募集。需要提醒的是,在长期的训练计划中,这种强度应采取周期式的模式。

(2)速度。速度素质是指人体或人体某部位快速运动的能力,也就是人体或人体某一部位快速做出运动反应、快速移动以及快速完成动作的能力。它主要包括反应速度、动作速度以及位移速度三种类型。

(3)耐力。耐力素质是指有机体长时间工作,克服工作过程中产生的疲劳的能力,它是反映人体健康水平或体质强弱的重要标志之一,在人体体能素质中发挥着极为重要的作用。体能素质中的各种素质训练并不是独立存在的,耐力素质可以与其他素质,如力量、速度、柔韧等素质相结合,形成机体的力量耐力和速度耐力。

(4)柔韧。柔韧一般是指肌肉在整个范围内进行运动的能力或根据运动项目的技术需要移动关节的能力。多年以来,一些运动员和教练员都担心过度的力量训练会降低柔韧性。但随后的研究表明,科学合理的训练,即使是大负荷,也不会严重影响柔韧性。柔韧性大小因人而异,但是女子的柔软性一般比男子好,每个运动员在不同动作中的柔韧性也不尽相同。但是并不是每一个运动项目都要求最佳的柔韧性,运动员只需要表现出完成特定动作技能所需要的柔韧性即可。力量训练可以提高柔韧性,但是仍需要专项的柔韧性训练,在力量训练时,可以采用向各个方向移动来完成某一训练,以提高柔韧性。

(5)灵敏。灵敏性主要包括大小肌肉群的灵活性与协调性。灵活性是运动机能所特有的整体特征,一些运动项目还需要持器械运动的能力。例如有研究发现,职业网球运动员手持球拍的方式不同会表现出不同的灵活性。另外,曲棍球、篮球、板球等项目也都存在与运动器械相关的问题。因此,实战准备阶段常常通过使用相关器械来训练灵活性。协调能力表现在身体能力的各个方面。在很大程度上反映出运动员运动部位的运动方式和发展水平,反映出关节组织调动周围肌纤维工作的程度,以此来获得相应的肌肉力量。高尔夫和棒球等运动对于协调能力要求极为严格,需要手眼的相互配合。

(6)平衡性。平衡性指运动中保持平衡的能力。平衡性属于协调性,可以通过训练培养出来。提升平衡性的方法有很多,比如倒着走、单脚站立等。体育训练中,一般采用反常规运动,刺激人体做出平衡反应,达到锻炼的目的。通常平衡能力好的人,身体的协调性和反应能力都相对更强。平衡力和平衡感两者密不可分,通常平衡感好的人平衡力更强。平衡感涉及人的视觉、触觉、听觉等,是一种综合感觉。

二、体能训练的四大构成要素

在竞技体育范畴内,体能训练包括一般体能训练和专项体能训练两种。

一般体能训练是指运用多种练习方法,增进运动员的身体健康,提高各器官系统的机能,全面发展运动素质,改善身体形态,掌握非专项的运动技术、技能,旨在为专项成绩提高打好基础的训练。专项体能训练是指采用针对性强的专项素质的练习,最大限度地发展对提升专项成绩有帮助的专项运动素质,以保证专项技术和战术在比赛中能顺利有效的运用,从而创造优异成绩。一般体能训练是专项体能训练的基础,一般体能训练为专项运动素质的提高提供必要的条件。专项体能训练则直接为创造优异的专项运动成绩服务,符合提高专项运动成绩的特殊需求。一般体能训练和专项体能训练总的目标是一致的,在训练实践中往往难以区分开来。

体能训练应遵循一定的规律,如人体生理机能规律、活动能力变化规律、动作技能形成规律,以及身体练习的一般规则、原理、方法等,全面系统地提高运动员的身体素质和基本活动能力。研究表明,成功的体能训练必须具备四个必要的因素,即练习密度、练习强度、练习时间和练习形式。

(一)练习密度

练习密度是指参加身体运动的频率或练习强度、时间和次数的总和。在体能练习中,一定时间内重复练习的次数统称为练习密度。练习密度常与练习强度、持续时间有关。练习密度的计算公式一般为:体能练习的实际练习时间 / 总练习时间。可以用此数据来表示运动量大小。例如,练习者在一次体能练习的总时间为 60 分钟,在该次练习中的实际练习的时间为 20 分钟,则该练习者在此次体能练习中的密度为 33.3%。计算公式为:20(分钟)/60(分钟)× 100%=33.3%。不难看出,练习密度在运动中主要反映的是实际练习时间与总练习时间的关系。

(二)练习强度

练习强度包括物理强度和生理强度两个方面,指完成运动练习的激烈程度。物理强度涉及物理学中的有关概念,以重量 × 距离 / 时间来表示,指单位时间内所做的功。生理强度则用相关生理功能指标来评定,主要以心率、脉搏的频率来表示练习强度。需要强调的是,练习强度可随时根据不同的运动量和练习效果加以改变。例如,在耐力素质练习中,通常以 150 次 / 分钟的强度作为心率指标,如果在体能训练中运动员的心率超过 150 次 / 分钟,则应适当地减慢跑步速度,相反若低于此标准,则应适当加快跑步速度。因此,生理负荷在一定程度上体现了个人练习的努力程度,从侧面反映了练习强度。

（三）练习时间

练习时间又名练习的持续时间,是指个体运动时间的长短。在体能训练中,练习时间主要反映练习的总时间、练习间衔接与短暂休息时练习时间和练习中完全休息的时间等。在体能训练中,运动练习时间应根据生理负荷量的要求进行选择和组合搭配。一般来说,在练习的不同阶段,练习时间应与练习强度成反比,即练习强度越大,获得并保持练习效果所需要的时间就越短。由此可见,运动中的练习强度不是一成不变的,可适当加以增减和调节。但最好从一开始就有足够的持续时间,只有持续时间够长,内环境才会相应地发生变化。所以,练习时间与运动强度是密不可分的,需要综合考量。

（四）练习形式

练习形式多指练习的范例或可以选择和调整的运动员训练方式。由于每一种运动各有特点,因此,可供练习者选择的运动方式也大不相同。然而,无论练习者选择有氧还是无氧训练,都必须全面考虑练习项目、练习时长、练习强度等各环节,最后制定出适合自身需要的体能练习计划和练习方式。

四个必要因素的有机结合,再加上良好的体育健身意识,科学的体育健身知识,良好的健康卫生习惯,并积极地参加运动实践才能称得上是成功的体能训练。

第三节　体能训练的作用与原则

一、体能训练的作用

体能训练的主要研究对象是从事竞技体育活动的运动员、教练。但如今中国体育正处于改革与发展的新时期,我国把建设成为"世界体育强国"作为主要奋斗目标。习近平总书记曾指出要广泛开展全民健身运动,完善全民健身服务体系,通过体育运动促进人的全面发展,促进经济社会发展,实现竞技体育与群众体育的协调发展。可见,体能训练不仅在竞技体育中不可或缺,在促进大众健康方面,有效科学地运用体能训练方法与技巧指导大众参与体育活动也尤为重要。

(一)体能训练影响竞技能力

毫无疑问,体能训练是运动训练的重要内容。任何运动都需要体能支持,任何训练都离不开体能训练。体能训练是基础,没有好的体能,技能训练、战术训练等必将难以实施与开展。没有高效的体能训练,体育运动竞技能力就难以提高。首先,现代竞技运动对运动员提出了很高的要求,需要运动员不断掌握最先进的技术、战术。而力量、速度、耐力、灵敏度等作为运动能力主要因素的体能发展水平,对掌握先进技术起着决定性作用。其次,现代竞技体育运动的比赛量和训练量越来越大,竞争越来越激烈,对体能的挑战和要求也越来越高。最后,忽视训练的周期性与科学性,高强度的现代竞技运动训练增加了身心疲劳,甚至为运动员增添伤病。如果有良好的体能做保证,运动员可以有效地减少运动损伤,延长自身的运动事业。总之,加强体能训练将是提高运动水平最经济有效的方法,应该给予充分的重视。

体能训练、技术训练、战术训练和心理训练四者对于运动员竞技技能的提高都必不可少,四者之间的关系构成一个金字塔结构(图1-2)。体能训练是金字塔的基础,是提高成绩的根本。然而,一些团体项目的教练,经常忽视体能训练与技术训练的关系,不看重比赛前的体能训练,导致运动员的体能基础不扎实,很容易疲劳,进而在比赛中表现不佳,影响战术判断,失误率大幅提升。

心理训练

战术训练

技术训练

体能训练

图1-2 训练要素金字塔

1.有助于提高运动成绩与改进技术动作

当前高水平运动员不断探索新的难度技术动作,世界纪录被一次次刷新,竞争压力陡然上升。要想脱颖而出,必须进行长期科学的体能训练。体能基础越扎实,运动员的技术、战术、心理方面才可能有更大的发展。有人曾这样比喻:运动成绩像是最终建设而成的大楼,技术、战术似构筑大楼的钢筋水泥,体能则是地基。"地基牢固,房屋不倒。地基不牢,地动山摇。"可见,体能是重中之重,对于运动成绩的提高与技术动作的精进至关重要。相关研究表明,大量优秀运动员通过合理科学的体能训练改进了技术动作,在专项成绩上有了重大突破(表1-1)。

表1-1 两名世界优秀运动员身体素质与专项成绩的关系

项目 姓名	专项成绩	身体训练水平	创造优秀成绩年龄	备注
刘易斯 (美国)	100米:9.86秒 200米:19.82秒 4×100米接力: 37.50秒 跳远:8.91米	具有非凡的身体训练水平 身高1.91米 体重76千克	21~38岁	第23届奥运会4枚金牌 第24届奥运会2枚金牌 30岁时再创世界纪录(100米、4×100米接力)
张伯伦 (美国)	100米:10.90秒 400米:47.00秒 跳高:2.02米	20世纪50年代末~70年代初世界著名篮球中锋,技艺非凡,运动水平出众 身高:2.16米	22~38岁	4次美国最佳篮球选手 连续7年美国最佳投篮手 1962年全年每场平均50.4分,其中单场得过100分,1971年投篮命中率为72.7%,均创世界纪录

2. 有利于承受大负荷量训练和高强度比赛

高强度的体育比赛极其消耗体能。据统计,在一场高水平足球比赛中,运动员在场上活动的总距离平均为8706米~14274米(我国相关赛事平均跑量为6021.7米),快速冲跑可达200次以上,同时还包括大量的往返跑以及爆发性动作。科学研究表明,能量的直接来源是三磷酸腺苷(ATP),肌肉活动能量的最终来源是物质(糖、脂肪)的氧化。三种不同的能源系统:磷酸原供能系统(ATP-CP)、乳酸原供能系统和有氧氧化功能系统为ATP的再合成提供能量。在一场足球比赛中,要求人体三大能源系统都有较高的活动水平以适应运动的不同方式。体能训练有助于提升三大能源系统的性能,使身体能承受高强度比赛。

现代运动训练不仅仅看重训练总量,更着眼于训练质量的提高。有调查报告指出,在诸如耐力性运动和球类运动的各项目中,年训练计划运动量有下降的趋势,但总体负荷量和比赛次数均有所提高(表1-2)。

表1-2 部分运动项目的年训练总量(埃苏林,2002)

项目	年训练量(小时)		年训练量(千米)	
	1985 ~ 1900 年	1993 ~ 2001 年	1985 ~ 1900 年	1993 ~ 2001 年
游泳	900 ~ 1250	900 ~ 1100	1400 ~ 3000	1250 ~ 2700
中长跑	800 ~ 1200	800 ~ 1100	3300 ~ 5000	3000 ~ 4700
划船	900 ~ 1200	800 ~ 950	5500 ~ 6700	5000 ~ 6300
赛艇	900 ~ 1200	800 ~ 950	4500 ~ 6200	4000 ~ 5500
艺术体操	1100 ~ 1400	1100 ~ 1250		
排球	800 ~ 1300	800 ~ 1200		
击剑	800 ~ 1200	800 ~ 1100		
摔跤	800 ~ 1200	800 ~ 1100		

3. 有利于延长运动寿命

如今,运动员在训练和比赛中的伤病率持续走高。一方面是由于极限运动的超负荷刺激伤害运动员的身心,另一方面则是由于教练员疏于对运动员进行养护性训练。虽然已有较为成熟的康复性体能训练,但是仅从治疗和康复的角度出发,高伤病率的问题无法根除。运动员身体的不同部位会存在不同程度的损伤,如排球运动员常见膝关节损伤,划艇运动员常见足部损伤,竞走运动员常见踝关节损伤。现代体能训练的目的不在于受伤后的康复而在于预防运动损伤,这能够有效地延长运动员的运动寿命。

若运动员的体能与技术水平不相适应,运动寿命就会大大缩短。若运动员体能没有得到最大程度的发展,机体能力的保持时间就会大大缩短,衰退速度便会加快,这毫无疑问会严重影响运动水平。我国有很多运动员过早结束了运动生涯,在很大程度上正是基于此原因。

(二)体能训练影响大众健康

世界卫生组织关于健康的定义已不仅仅指摆脱疾病和衰弱的困扰,而是一种更高水平的"身心健康",一种在身体、精神上的圆满状态,和良好的适应能力。积极参加各种类型的体能练训不仅可以增进人们生理和心理上的健康,同时还可以培养良好的社会适应能力。最终达到理想的"健康美"状态。"健康美"是一种积极的健康观念,包括身体生理机能的锻炼功能和精神方面的身心娱乐功能。

1. 对身体生理机能的锻炼功能

(1)对运动系统的锻炼功能

①体育锻炼对骨大有益处。人体长期从事体育锻炼,能有效改善骨的血液循环,加强骨的新陈代谢,提高骨的抗折、抗弯、抗压缩等方面的能力。人体从事不同的体育项目会对骨的不同部位产生不同程度的影响。经常从事以下肢活动为主的项目,如跑、跳等,对下肢骨的影响较大;而从事以上肢活动为主的项目,如举重、投掷等,则对上肢骨的影响较大。但是当体育锻炼停止后,对骨的影响作用也会逐渐消失,其效果并不是永久的。因此,体育锻炼应经常化。同时要注意,体育锻炼项目要多样化,避免造成骨的畸形。

②体育锻炼对肌肉大有益处。一是肌肉体积增加。从事举重等力量性项目的运动员肌肉块明显较大,毫无疑问体育锻炼和运动训练可以使肌肉体积增大。体育锻炼对肌肉体积的影响非常明显,一般地,只要进行力量训练就可以使肌肉体积增大。二是肌肉力量增加。体育锻炼极易增强肌肉力量,短期力量练习就会有明显的效果。三是肌肉的弹性增加。有良好体育锻炼习惯的人会有牵拉性练习,避免了人体由于肌肉的剧烈收缩而造成的各种运动损伤。

(2)对心血管系统的锻炼功能

人体的心血管系统包括心脏、血管、血液、新陈代谢。运动对心血管的形态、功能、结构都大有益处。

①窦性心动徐缓。体育锻炼,特别是长时间小强度体育活动可使人体安静时心率减慢,这种现象称为窦性心动徐缓。心率的下降可使心脏有更长的休息期,以减少心肌疲劳。

②每搏输出量增加。在安静和运动状态下,热爱体育运动的人或运动员的每搏输出量均比一般人要高。在运动状态下,每搏输出量的增加就更为明显,这种变化使人在体育锻炼时有较大的心输出量,以满足机体代谢的需要。

③血管弹性增加。体育锻炼可以增加血管壁的弹性,老年人应该格

外重视。随着年龄的增加,血管壁的弹性会逐渐下降,诱发老年性疾病。老年人通过定期的体育锻炼,可增加血管壁的弹性,预防或缓解老年性高血压症状。

（3）对呼吸系统的锻炼功能

呼吸系统由呼吸道(鼻、喉、气管、支气管)和肺组成。呼吸道是呼吸时气流经过的通道,肺是气体交换的场所。呼吸系统的健康状况可以反映在肺活量上。肺活量大小因人而异,一般男子肺活量 3500 毫升,女子 2500 毫升,经常锻炼的男子可以达到 4000 ~ 7000 毫升,女子可以达到 3500 毫升。

肺活量能够体现儿童青少年的生长发育和健康水平。经常参加体育锻炼有利于肺的扩张,提升肺活量。经常性的深呼吸运动,也可促进肺活量的增长。经常参加体育锻炼的人,肺活量值高于一般人。

①肺通气量增加。体育锻炼可使运动时的呼吸深度增加,以提升肺的通气效率。适当地增加呼吸频率,会使运动时的肺通气量大大增加。有数据表明,一般人在运动时肺通气量能增加到 60 升 / 分钟,有体育锻炼习惯的人运动时肺通气量可达 100 升 / 分钟。

②氧利用力增加。体育运动可提高氧利用力。一般人在进行体育活动时,只能利用摄入氧含量的 60%,而经过体育锻炼后可使机体利用氧的能力大幅提升。体育活动时,对氧气的需要量会增加,有运动习惯的人能及时满足机体的需要,不致使机体过分缺氧。

（4）对神经系统的锻炼

神经系统,尤其是大脑,作为人体的"司令部"关系到人体各器官和系统的功能调节,人的体质强弱也与神经系统密切相关。适当的体育锻炼能提升神经细胞工作的耐受力,从而使大脑和神经系统在紧张的工作过程中有持续的能量供应,延长工作时间,维持高效的工作节奏。据研究表明,脑细胞工作时所需的血液量相当多,比肌肉细胞多 10 ~ 20 倍,大脑耗氧量占全身耗氧量的 20% ~ 25%。体育锻炼能避免神经系统过度紧张,可以有效地消除疲劳,使头脑清醒,思维敏捷。与其吃些提神抗疲劳的药物不如花些时间进行有规律的体育锻炼。随着神经系统机能的改善,有机体内各器官系统的控制和调节能力均可得到不同程度的完善。

2. 缓解精神压力,娱乐身心功能

现代生活面临着各种各样的问题,如灰色健康、机能退化、高度紧张等。体能训练往往能够改善人的精神面貌,缓解各种问题带来的困扰。

（1）体育锻炼充实生活方式（户外运动）

由于工作压力的增大,人们需要结交新朋友,充实自己的生活。有些人便选择在业余时间参加健身活动,使心情愉悦,更好地投入到繁忙的工作当中去。现在的工作大部分都需要坐在小小的工位上,忍受着电脑的辐射,长此以往,你常常会腰酸背痛,感觉体力越来越差,注意力难以集中。你的确需要走出户外,参加一些体育锻炼。

（2）体育锻炼扩展生活方式（人际交往）

在城市化的进程中,生活方式的多元化成为典型。21世纪,城市居民消费层次化倾向日趋显著。文化体育娱乐消费在很大程度上体现着一个人的生活水平档次。随着生活水平的提高,大多数人在追求物质生活的同时更想要拥有健康的体魄。同时人们的家务劳动时间减少,工作之余从事休闲、娱乐健身活动的时间增多,户外运动受到欢迎。许多居民养成了晨跑、饭后散步的良好习惯。在体育生活方式中城市居民的活动更加群体化,比如参加旅游团、球队、舞蹈队、培训班等,体育运动方式越来越多样。

总之,体育锻炼引起了人们的高度关注,与居民生活息息相关。体育锻炼已成为一种健康的生活方式融入每个居民的生活中去。提高身体健康水平,追求幸福生活已成为广大民众现代化生活的共同意愿。

二、体能训练的原则

体能训练过程是一个循环过程,刺激—反应—适应不断重复进行。也是一个身体结构与机能不断被破坏与重建的循环过程,实质是按照指定计划给运动员施加适宜运动负荷刺激,使之产生向好发展的适应性变化。科学的运动训练离不开科学理论的掌握,同时要顺应人体生理机能变化规律。合理地安排运动训练的各个要素,使机体产生最佳的反应与适应,实现最佳训练效果。

训练过程存在着许多不以人的主观意志为转移的客观规律。训练规律是指运动训练系统内部各要素之间以及它们与系统外部各相关因素之间在结构与功能上的本质联系与发展的必然趋势。这些本质联系在一定条件下影响着或者决定着运动训练的进程。教练员会不断总结成功或失败的经验,并通过对客观规律认识的不断深入,将实践获得的普遍经验与科研成果进行总结与升华,形成理性认识,并以准确的文字加以表述,成为可以指导体育训练的科学原则,广大训练员与运动员们切不可违背这些原则。

随着时代的发展,人们对训练客观规律的认识也不断深入。不同的原则和文字表述只是教练员对训练规律在一定程度上的客观反映,但理论终究来源于实践。训练是创造运动成绩的过程,理论不可能在实践前就论述清楚其中的一切和其创造的全过程。因此,需要教练员以过人的悟性对训练进行解释与阐述。换言之,教练员自身积累的,经过实践检验的正确经验也是科学的一部分。

体能训练的基本原则是对身体训练的客观规律的认识和反映,是对体能训练实践的普遍规律和基本经验的概括和总结。指导训练者进行体能训练,一般应遵守以下几个原则。

（一）系统性训练原则

系统性训练原则指在指导训练者在进行身体训练的过程之中,遵循体能训练发展的内在客观规律,按照合理有效的训练计划开展训练。基于运动训练过程的连续性和阶段性的要求,这一原则得以确立。为保证训练过程的系统性,必须使训练的各阶段有机地衔接起来。在这一方面,我国的三级训练体制比较符合系统性的训练原则,其中包括中小学课外训练、业余体校和竞技运动学校的训练以及优秀运动队的训练三个层次。要想实现最佳的训练效果,三级训练体制需要分别担负不同的训练任务并注意各训练组织形式之间的密切配合,在内容的安排、训练的要求以及所承担的具体任务上都要做到合理有效的衔接。

人体在训练负荷下的生物适应过程不仅是长期的,同时也是阶段性的。机体对一次适宜训练负荷的反应可分为赛前反应、准备活动、工作、疲劳、恢复、超量恢复和训练效应消失等多个阶段。在长的时间跨度内,如几个月至一年的训练过程中,运动员机体能力的变化同样经历着不同的阶段：竞技状态的形成、保持和消失阶段。运动训练过程的组织实施必须遵循其阶段性的特点有步骤、有秩序地进行,因为该过程是按固有的程序排列的。坚持全年、多年的不间断训练,保证运动员有机体所产生的一系列适应性变化能够获得长期的积累,使训练水平逐步提高,这就要求训练过程的每次课、每个小周期、每个训练时期及每个训练大周期都紧密衔接。训练内容、方法和手段的选择以各训练时期、阶段的具体训练任务为基础,充分考虑它们之间的内在联系和本身特点。一般来说,应该按照由易到难、由浅到深、由已知到未知的要求进行安排。系统性原则要求对整个体能训练过程进行统筹规划,从内容、手段、比重、负荷等方面做出合理而系统的安排,尤其是青少年时期和高水平运动员,更应谨慎对待。此外,在训练过程中,应充分注意并采取有力的措施防止运动员发生运动损伤。运动员的损伤将影响训练的系统性和连续性,严重者还将使训练长期中断,甚至影响运动员的运动寿命。

(二)全面性训练原则

全面性训练原则是指在发展专项运动技能的前提下,应充分、全面地发展运动员的各项运动素质,特别是在儿童和青少年时期。在引导体能训练中,应使练习者的身体各部位、各器官系统的机能和基本活动能力等得到全面、协调发展。

全面性训练原则需要把握好以下几点。

(1)运动素质和身体机能是达到高水平专项技术水平的基础。只有全面发展运动素质,专项化训练才能取得更好的效果,达到提升成绩的目的。

(2)人体各器官系统之间相互依存,发展运动素质要求人体若干系统的协调配合。因此,在训练初期必须采用正确而全面的训练方法,使技术、战术和技能所要求的身体形态和身体机能都得到全面的提高。

(3)要取得优异的运动成绩,必须在早期训练阶段全面提高运动素质。如在力量训练中,身体某一部位的发展会直接或间接地影响其他方面的发展。只要合理制定调解训练进程,就能对体能的发展起到促进作用。反之,则会造成畸形发展,损害身体健康。

(4)全面性原则主要适用于儿童和青少年训练时期,随着运动员的日臻成熟,运动水平的不断提高,其训练应朝着更为专项化的方向发展。此外,进行全面体能训练还能提高运动员的练习兴趣,减少高度专项化训练的枯燥感,对专项训练起到调节作用。因此,选择多种多样的身体训练内容和手段,运用灵活多变的训练形式和方法,是实现全面性训练原则的关键。

（三）循序渐进训练原则

循序渐进训练原则是指持续地、循序渐进地组织运动训练过程。各运动项目的知识以及竞技能力各要素的发展都有各自的体系和内在联系,反映了各运动项目由低到高、由易到难、由简到繁的发展规律,也反映了人们认识客观规律由已知到未知的规律性过程。包括体能在内的构成运动员竞技能力的各个部分均需要经过长时间的训练,才能获得明显的改善和提高。运动员体能的改变要以运动员身体形态的变化和机能系统的提高为基础,进而表现出高度发展的运动素质。运动员对训练负荷的生物适应必须通过有机体自身的各个系统、各个器官的逐步改造方可形成。因此,要根据运动项目自身体系及其内在联系,按照一定的顺序安排训练内容,选用训练方法和手段,使运动员循序渐进地掌握技术、战术,发展运动素质,并逐步提高要求,才能取得良好的训练效果。

循序渐进训练原则指出,运动员只有经过长时间、持续的训练才有可能登上竞技运动的高峰,同时又强调在一般情况下,必须非突变式地增加训练负荷。因此,运动负荷的安排应从小到大至一定范围内不断提高,从而使机体逐渐地从相对静态过程进入动态过程,并逐步提高人体对外界环境的适应能力和工作能力。这个逐步变化的过程是进行身体训练的客观规律,违背了这一原则就会影响训练的效果,甚至威胁身体健康。

（四）区别对待训练原则

区别对待训练原则是指在运动训练过程中,根据不同专项、运动员、训练状态、训练任务和训练条件等具体情况,有针对性地组织安排相应的训练过程,确定训练任务,选择训练内容、方法和手段,安排运动负荷的训练原则。在现代运动训练中,个体化原则已成为最重要的训练理论之一。教练员在制订训练计划时,根据每个运动员所独具的身体能力、潜质、学习特征等特点,设计出适合每个运动员的个体化训练方案,使其潜能及优势得到最大限度地发挥和发展。同一名运动员的训练状态在不同阶段、不同时刻的表现迥异,不同训练环境和训练条件也对训练内容和组织实施提出了不同的要求。因此,在选择训练内容和手段时,必须根据专项的需要不同区别对待。

区别对待训练原则是指在指导或进行体能训练时,不能千篇一律。体能训练要针对训练对象的个人特点、身体状况、训练条件、训练水平、训练要求和比赛要求等实际情况设计。每次训练的内容和运动负荷既要有一般要求,又要区别对待,使之经过一段时间努力后,能够达标并熟练掌握,最终使身体素质和运动能力得到稳定发展。同时,还要根据练习者提高运动水平和运动成绩的需要,有针对性地安排与运动项目有关的体能训练内容和负荷,以挖掘和满足练习者发展、提高运动技能的需要。这一训练原则要求体能训练必须要有针对性,要紧紧围绕提高专项成绩和技术水平这一最终目标进行。同时又要注重运动员的主观和客观条件以及专项需要。此外,还应使运动员的运动素质在各个方面按比例平衡发展,以适应提高运动技术水平的要求。

每个运动员的身体机能、技术、战术、智力水平和心理特点都截然不同,这就需要教练员考虑每个运动员的特点因材施教,有针对性地组织体能训练。不同的运动员对相同的训练内容和相同的运动负荷会有不同的反应,教练员在平时的训练中,必须注意了解运动员身体反应、技能反应和心理反应,适时地调整训练内容、方法与运动负荷,使训练具有更强的针对性。

第四节　体能训练的评估

一、训练前的体能检查

对于较长时间缺乏锻炼或者年纪稍大的人来说,事先对医生进行询问并进行训练前的体能检查非常有必要。尤其是那些心脏病、高血压患者,在运动中存在患病的风险,运动前的体能检查更是必不可少。符合以下条件的人员尤其需要重视进行训练前的体能检查。

（1）年龄超过 30 岁。

（2）近期生过病或受过伤。

（3）有循环系统疾病。

（4）时常感到呼吸紧迫。

（5）超重。

（6）血压高。

在正式训练之前,每个人都必须清楚自己的身体状态。强烈建议体育活动初练者循序渐进地安排自己的运动计划,可以先参考针对体质差的人所做的训练计划。

二、初练者的基本健康状况检测

实施训练前必须对初练者的基本健康状况进行检测。

（一）检测的步骤

（1）耐力检测:步行检测。
（2）体力检测:屈体。
（3）柔韧性检测:肩关节、腕、胸肌的柔韧性测定。
（4）协调性检测:闭着眼单脚站立。

（二）检测准备

若原本身体健康并感到精力充沛,只需要进行负荷检测。

在正式的训练前要做适当的准备热身活动,避免肌肉拉伤。

在各个检测期间要合理安排出一定的休息时间。

控制好符合脉搏,一个简单的原则是:180 — 年龄。

"说起来简单做起来难",任何事情都需要进行切身的体验。因此,在进行完基本状况检测后,需对自己的强项、弱项有一个总体的评估,并开始进行系统的体能训练。

三、体能训练方法的设计与实施

（一）对不同项目要采用不同的训练方法

水平越高的运动员能力提升的空间越小,因此更需要"对症下药",有非常明确的训练计划和训练方法。年轻的运动员则应将更多时间投入到基础体能训练上。

当决定为运动员进行专项训练时,要综合考虑运动训练所需要的类型:基础训练、神经肌肉力量、灵敏性、柔韧性、新陈代谢功能等。下一步则需要明确力量功率的要求以及运动新陈代谢的要求,同时加强所选择的技能训练中最重要的成分。

以篮球训练为例,好的篮球运动员必须在场上长期奔跑,对场上情况做出及时的预判与快速的反应,能够在任何方向上快速移动,并且需要有快速的连续起跳的能力。为体力打好基础,首先要完成 6 ~ 10 周的跑步练习,在体育场内进行 400 米、200 米和 100 米的练习。力量练习需要强调身体的中心力量。篮球的专项体能训练包括实心球练习、整场有球和无球练习,跳跃、快速脚步移动、灵活性练习。

（二）训练负荷结构及相关因素的考虑

在体能训练中不同的负荷结构和训练节奏安排,对运动员机体发生的刺激、反应以及适应和恢复等过程是不一样的。一般来说,体能训练适应的形成主要经历五个阶段,包括刺激阶段、反应阶段、短期适应阶段、长期适应阶段、训练适应的衰退阶段（表 1-3 ）。

表 1-3　体能训练适应的形成五大阶段

阶段名称	具体含义与表现
刺激阶段	对运动员机体施加刺激阶段。刺激包括训练、比赛和生活（饮食、作息制度、时差、气候等）所受到的各种刺激（心理和生理刺激）
反应阶段	对刺激产生直接的应答性反应阶段,该阶段是由不适应所引起的暂时性反应阶段
短期适应阶段	对刺激产生局部或整体适应阶段。此阶段为开始形成适应阶段
长期适应阶段	机体各器官和系统在结构与机能上的改造和完成阶段,即长期适应形成阶段
训练适应的衰退阶段	由于训练安排的不合理,或长期使用相同的训练负荷,导致某些机能会出现下降和消退

（三）体能训练方法的效能分析

1.爆发力训练手段的比较

众所周知,爆发力的高低取决于运动员克服外界负荷的大小和肌肉收缩速度的快慢。有研究表明,当运动员推重量为 7.3 千克铅球的成绩为 18.19 米时,出手的速度为 9.89 米/秒,此时的最大作用力为 513 牛顿。而对于抓举杠铃来说,当抓举成绩为 150 千克时,上抓的速度为 1.58 米/秒,功率为 3163 瓦特,但最大作用力可以达到 2000 牛顿。显而易见,如果在发展爆发力时,紧紧围绕一个因素进行训练,其效果不佳。

2. 不同训练方法对不同运动能力的影响

如图所示,J 表示采用跳跃训练;I+J 表示采用等长 + 跳跃训练;W+J 表示采用力量 + 跳跃训练。J 训练对三种力量素质影响均不显著。I+J 训练对等长最大力量增长显著,提高率达到 60% 左右,但对于等张最大力量和垂直跳跃力量的影响不显著。W+J 训练对垂直跳跃力量的增长最大,提高率能达到 40%(图 1-3)。

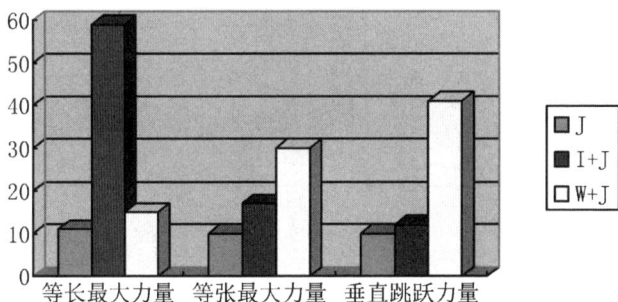

图 1-3 不同训练方法对三种力量素质的影响

四、体能训练的监控与评价

现代化科学监测仪器的使用,使得训练中的监控和评价成为可能。体能训练监控就是在体能训练的过程中,运用一定的测量指标对运动员的测量效果和训练质量进行分析与评价,以辅助教练员进行训练计划的制定与修改。

体能训练监控也有其自身的监控指标体系(表 1-4)。主要包括运动学指标、生物学指标、生理学指标、生物化学指标、心理学指标等。这些指标为科学化体能训练提供了依据,虽然有些指标的效度不高,但无疑提升了体能训练的科学化水平。

表 1-4　体能训练监控指标体系

训练监控系统	实验室测量方法	有氧能力无氧能力	功率心率心电图乳酸浓度摄氧量	活动平板功率自行车上肢测功仪攀登式测功仪划船式测功仪游泳等测功仪
				遥测心率仪气体代谢分析仪血乳酸测试仪运动心肺功能仪
	运动场训练监控	有氧能力无氧能力	距离时间速度强度心率乳酸浓度摄氧量	训练场地专项训练设备专项训练辅助设备训练学测量设备
				便携式遥测心率仪便携式气体代谢分析仪便携式血乳酸测试仪

第二章　体能训练的科学理论基础

体能训练是运动员训练活动的重要内容,体能训练可以说是运动员技能水平提高的重要基础,理应受到重视。运动员要想科学地参加体能训练,提高训练的效果,就需要学习和掌握与体能训练有关的学科理论,以理论为指导,才能保证体能训练的科学性和合理性。本章就重点阐述运动员体能训练的科学理论基础。

第一节　体能训练的生理学基础

一、体能训练与新陈代谢

（一）水代谢

水是生命之源,是一种重要的营养素。人体中含量最多的物质就是水,水也占有人体体重的绝大部分比例。作为如此重要的人体物质,保持体内的水平衡显然是维持人体正常活动的重要环节。

一般情况下,人体中的水分多来自从外界摄入的水或食物,人体可以产生少量的水,这些水是由体内物质代谢过程中产生的附属物质。人体内水的排出有多种方式,主要方式为以尿液的形式排出体外,次要方式还有出汗、粪便排泄以及呼吸等。处于运动中的人体体内的热量会不断聚集,为了维持正常体温,此时就需要通过排汗的方式将热量带出体外。这就是水代谢的基本原理。运动员在体能训练中会消耗大量的水分,学习与理解水代谢的基本原理对于其科学参加体能训练具有重要的意义。

（二）糖代谢

糖可以说是人体非常重要的一种供能物质。人体中的糖主要是从植物或动物类食物中获得的。当糖进入体内后,会在消化酶的帮助下转换为葡萄糖分子,继而被机体吸收。但如果摄取的是果糖,其吸收与利用的过程就会变得相对复杂一些。因此要具体问题具体分析。

一般来说,血糖的功能主要在于合成糖原。糖原主要有肌糖原和肝糖原两种,二者的存储位置是不同的,这可以从名字中看出。需要注意的是,人体的肝脏也能合成葡萄糖或糖原,这就是糖的异生。糖的异生对于血糖功能的发展起着非常重要的作用。

在人们平时的活动或运动员的体能训练中,通常会消耗一定的能量,进行能量供应与补充是非常重要的,这样才能保证各项活动的顺利进行。一般来说,人体所需的能量主要来自人体内糖的分解代谢。人体中糖的分解代谢有有氧氧化、糖酵解等几种形式,不同分解代谢的触发时机不同,并且也有着不同的供能特点。虽然运动量不大,但也会消耗运动者一定的能量。人体在运动的过程中,肌肉中的 ATP、CP 被消耗,此时肌糖原开始无氧分解过程从而开始调动体内供能。这一过程中肌细胞内钙含量也开始上升,同时增加的还有生长激素、甲状腺激素、雄性激素、儿茶酚胺等,种种改变使肌细胞产生了一些适应性变化,进而增大 EK、PFK、磷酸化酶等的活性。而这也是超量恢复理论的重要基础。

长时间的运动训练会消耗大量的糖,如果不及时补充,训练活动就会受到一定的影响,因此及时补充糖分是非常重要的。如果体内存储有足够的糖,并且有足够的氧摄入,则通过糖的有氧代谢方式就可以供给机体在运动中所需的能量,这就是糖的有氧代谢。

（三）脂代谢

在人们日常生活和参与各种运动的过程中,脂肪这一营养素起着非常重要的作用。通常情况下,人体内的脂肪主要来自摄入体内的动物脂肪和植物油。脂肪具有一定的疏水性特点,这使得它要想在人体的水环境中分解就需要酶的参与,或是借助从外界摄入的各种乳化剂才行。与糖相比,脂肪的吸收与转化显得更为复杂一些。了解脂肪吸收与转化的基本原理无论是对于普通人的体育锻炼还是运动员的运动训练都具有重要的指导意义。

脂肪的吸收与利用非常重要,人体对脂肪的吸收可通过小肠上皮细胞直接吞饮脂肪微粒,另一种方式为脂肪微粒的各种成分进入小肠上皮细胞接受再度分解后重新合成脂肪所形成乳糜微粒,该微粒和大分子脂肪酸一并被转移进淋巴管,而甘油和小分子脂肪酸则会溶于水后被吸收。如此来看,淋巴和血液是脂肪吸收的两种途径。其中,淋巴吸收是最为主要的途径。当脂肪被吸收之后多数会存储于皮下、大网膜或肌肉细胞中,少量脂肪还会以合成磷脂、合成糖脂和合成脂蛋白的形式存储在体内。

脂肪供能对于人体运动而言具有重要的意义,需要注意的是,脂肪供能不是运动后第一时间开始的,调动脂肪供能并没有那么容易,往往只是在人体进行那种时间长、运动强度中低等的运动时才会调动脂肪予以供能。了解脂肪供能的基本原理和规律对于运动员参加体能训练具有重要的指导意义。

(四)蛋白质代谢

蛋白质是构成人体的基本单位,人的细胞中的主要成分就是蛋白质。人体中的蛋白质也是在消耗与补充的动态过程中保持一个平衡。如果要测量人体中蛋白质的代谢状况,可通过测定摄入的氮含量和排出的氮含量的方式进行。一般来说,人体的生理活动状况决定蛋白质的代谢状况。"氮总平衡"的状态多出现于正常成年人之中,此时人体体内的蛋白质的分解与合成基本持平。少年儿童则不同,因为他们正处于身体生长的快速期,这使得他们体内的蛋白质合成量大于分解量,由此体内的氮就会呈现出一种正平衡的状态。而患有某种消耗性疾病的人体内的蛋白质合成量小于分解量,由此体内的氮就会呈现出一种负平衡的状态。

那些经常参加体能训练的运动员,会对蛋白质代谢产生一定的影响。这一影响是积极的,主要体现在:一方面,经常参加体能训练能有效促进蛋白质的生成;另一方面,经常参加体能训练还能有效促进骨骼肌蛋白质的合成,增强肌肉力量。由此可见,经常参加体能锻炼对于蛋白质的代谢也具有重要的影响,这一点需要引起重视。

（五）维生素代谢

在人体的各项元素中，维生素也是必不可少的。它是人体生长发育和代谢的重要营养素。维生素在人体中是不能自行合成的，要想获取维生素只能通过摄入食物的形式。维生素的种类众多，每种维生素对人体都有不同的作用，而人体则需要全面的维生素补充才能保持机体的正常运转。维生素的奇特之处在于，不同类型的维生素都拥有各自独特的结构。虽然维生素对人体起着较多作用，但人体的细胞结构中却不含维生素，且维生素也并不参与对人体能量的提供工作。它们最大的功能就是给予体内的能量代谢过程和各种调节过程一定的帮助。

维生素的作用主要是参与辅酶的生成，如果缺乏维生素，人体某种酶的催化能力就会受到一定程度的限制，从而引发体内的代谢失调。由此可见，维生素的补充还是非常重要的。但是，维生素的补充要适量，不能过量，否则也会给人体带来一定的危害。

（六）无机盐代谢

在人们平时的膳食中，无机盐是非常常见的。人体对无机盐的存储主要以磷酸盐的形式存储在骨骼中。除此之外，还有一些少量的如钙、镁等少量的无机盐会以离子的形式存在于体内。

无机盐对于人体也具有非常重要的作用，其主要作用在于调节体内渗透压，以及维持体内酸碱平衡。在体液中，无机盐会被解离为离子，体液中的离子有阴阳之分，其在体内的细胞代谢过程中的作用是不可替代的。作为一名运动员，了解与掌握无机盐代谢的基本原理，能帮助其合理地补充这一营养素，从而为运动训练奠定良好的基础和保障。

二、体能训练与供能系统

（一）磷酸原系统

磷酸原系统是人体重要的供能系统之一。人体的磷酸原系统是当ATP被分解放能后，磷酸肌酸（CP）随即分解并促进ATP再生成的系统。这是一个持续时间非常短暂的过程，过程中不需要氧的参与，也不产生乳酸,据此也被称为"非乳酸能系统"。大量的生理学研究表明,人体全部肌肉中 ATP-CP 系统的供能维持人体的运动时间仅仅为 8 秒。由此可总结出磷酸原系统供能的特点为供能快、功率高、总量小、持续时间短。这与糖酵解系统有一定的区别。

（二）糖酵解系统

当机体的持续运动时间在 8 秒以上且强度较大时,迅速提供短期能量供给的磷酸原系统就会显得鞭长莫及。此时,能够支持运动所需 ATP 再合成的能量来源就要依赖于糖酵解系统提供了。

作为糖酵解系统中的重要原料,肌糖原在分解葡萄糖为乳酸的过程中生成 ATP。如果过程中能持续有氧的参与,所产生的乳酸中一部分会在线粒体中被氧化生能,另一部分则会合成肝糖原。如果没有氧的参与,则在生成能量的同时还会生成乳酸。乳酸是强酸的一种,这种物质在体内堆积过多会破坏内环境的酸碱平衡稳态,它会直接导致肌肉工作能力下降,给身体带来疲劳感。如此看来,依靠糖原的无氧酵解这种供能方式只能维持肌肉工作几十秒,但毕竟这一系统能在缺氧的时候还能产生能量供体内急需,因此,这种供能方式还是有很大作用的。如果用公式的形式表达,可将这一系统的供能过程表示为:骨骼肌糖原或葡萄糖 ATP+ 乳酸。

总体而言,以上两大供能系统的供能过程（磷酸原系统、糖酵解系统）都可以在没有氧的条件下供能,其都是人体运动时的无氧代谢供能系统的重要组成部分。

（三）有氧氧化系统

人体在氧供应充足的条件下进行运动时,体内所需的 ATP 是由糖、脂肪的有氧氧化来提供的。这种对 ATP 的提供方式具有量大和持续时间长的特点,由此使得有氧氧化系统就成了运动供能的主要方式。

有氧氧化系统具有一定的供能特点,这决定了其是为人们的那种长时间、高耐力的运动提供能量的系统。而就人的耐力素质来说,其有氧代谢能力和心肺功能是非常重要的,二者之间的联系非常密切。作为一名运动员,在参加运动训练时,一定要充分了解与掌握有氧氧化系统的这一规律与特点,科学地参加运动训练。

三、体能训练与运动系统

在人体参与运动的过程中,人体的运动系统支持其参与运动,肌肉、骨骼和关节构成人体的运动系统,它们的状态如何很大程度可以决定运动者的运动能力。

（一）肌肉

肌肉可以说是人体运动系统的重要组成部分,人的各种动作及行为都离不开肌肉运动。肌纤维可以说是肌肉的基本组成单位,若干肌纤维排列成肌束,若干肌束聚集起来构成肌肉。

一般来说,人体肌肉主要包括骨骼肌、平滑肌和心肌三种类型,其中骨骼肌数量最多,大约600多块,主要附着在骨骼上。根据骨骼肌外形的不同,可以将骨骼肌分为长肌、短肌、扁肌和轮匝肌四种类型。

（二）骨

骨骼具有多种多样的功能,它能支撑人体及支持人体的运动行为,人体骨骼的功能如下所述。

1. 支撑功能

骨骼在人体中扮演着十分重要的角色。一般情况下,人体中骨骼大小不一、形态各异。骨骼之间的连接最终构成一个完整的、坚实的人体框架,使人在外在形态上呈现出一个稳定性的轮廓,并且还支撑起体内脏器的重量和固定它们的位置,如此才能使血管和神经能有规律地定向执行循环和传导功能。

2. 运动功能

在人体运动系统中,骨骼可以充当一个非常理想的运动杠杆。在神经系统的调节和肌肉的带动下,骨骼能够通过对骨绕关节的运动轴进行牵引而产生各种运动。

3. 保护功能

骨骼之间的相互连接会构成一个体腔的壁,许多器官就在这个腔内空间中运转,无疑这个由骨骼构成的体腔壁就为这些脏器提供了保护,如胸骨对胸腔内心脏、肺脏等器官的保护；骨盆对膀胱和众多生殖系统器官的保护等。

4.造血功能

骨骼中的红骨髓是人体重要的造血器官。

5.储备钙和磷的功能

骨骼中含有大量的钙和磷等微量元素，这些元素是体内钙、磷代谢的必备物质。

（三）关节

在人体运动系统中，关节的作用也非常重要。关节几乎参与到所有人体的运动行为之中，可以说，如果没有关节这一结构，人体的多数动作都是难以实现的。关节的活动是由骨骼肌的带动牵引完成的，通过骨骼肌的带动，运动环节会绕关节的某一轴运动，如此形成各种人体想要做出的动作。

运动员参加各种形式的体能训练也都需要关节的参与。经常参加体能训练也能帮助运动员有效地提升关节部位的活动能力。除此之外，经常参加体能训练还能有效提高关节囊和韧带的伸展性，增强关节的灵活性，促进人体健康发展，以及运动水平的提高。

第二节　体能训练的心理学基础

运动员参加体能训练也与其心理因素有着一定的关系，如教育心理学、体育心理学等都是体能训练的重要理论基础。学习与了解体能训练的心理学理论对于运动员科学合理地参加体能训练具有重要的意义。

一、教育心理学

教育心理学属于心理学的一个分支，其主要对教育者及受教育者在教育过程中的心理活动、心理现象以及心理变化规律进行研究。教育心理学的学科目标主要是了解教育、促进教育发展。运动员长期参加运动训练,难免会出现一定的心理问题,而学习与掌握教育心理学的基本理论对于运动员参加运动训练具有重要的指导意义。

教育心理学是介于教育学与心理学之间的一门学科。19 世纪末 20 世纪初它成为一门独立的学科,其独立性主要表现为该学科的理论基础、研究技术以及研究方法都相对独立。教育心理学之所以能够发展成一门独立学科,与近代西方教育学家基于心理学研究成果而构建教学理论有关,这是一个非常重要的前提条件。促进教育心理学发展的理论研究成果有《心理学教科书》《普通教育学》等,这是德国心理学家赫尔巴特的著名作品。虽然"教育心理学"一词在近代还未被明确使用,但教育学与心理学已经成了一个统一体,二者不可分割。赫尔巴特提出教学可分为两种类型,一种是教育的教学,主要指培养受教育者的道德品质、意志品质以及性格;一种是非教育的教学,主要侧重于智育,即向受教育者传授知识和技能。需要注意的是,不管是哪种类型的教学,心理学都是其重要的理论基础,对人的各项活动的开展起着非常重要的作用。

对于受教育者而言,兴趣可以说是一种重要的心理状态,这一心理状态对受教育者的注意力定向具有重要的引导作用,能够使其在教育教学中保持良好的情绪与精神状态。如今,兴趣对个体的重要性越来越受到重视,人参加一项活动,是否对这项活动感兴趣直接影响最后的活动成果。人们甚至将"能否成功激发学生的学习兴趣"作为判断教师教学能力的一个重要指标。"激发兴趣"是教育心理学的重要开端,运动员参加体能训练,要想获得理想的训练效果,也是建立在一定的兴趣基础之上的,只有如此,运动员才能以积极饱满的热情投入到训练之中,从而获得理想的训练效果。

二、体育心理学

动机是心理学中的重要术语和因素,动机在个体活动中起着极为重要的支配作用。人们参加某种活动,直接受到动机这一心理因素的影响。个体从事某项活动可能出于很多原因,其中动机是非常重要的一个心理原因,它对个体行为的激励效果非常显著。正确的动机能够推动个体积极学习,在运动员的运动训练中,动机也是尤为重要的,起着重要的作用。

运动员参加各种各样的训练活动,是各种学习动机共同发挥激励作用的结果。一般来说,动机主要分为两种,一种是直接动机,另一种是间接动机。

第一,直接动机与体育活动本身有着十分密切的联系,个体对体育活动感兴趣,这是其参与体育活动直接的动力因素,没有功利性。比如,学生喜欢舞蹈,出于这一强烈的兴趣,学生便会在舞蹈课上认真学练。

第二,间接动机带有一定的目的性,它的产生与个体的意志有着密切的关系,同时与社会需要也有着一定的关系。比如,学生参与舞蹈健身活动,可能是为了增强体质,可能是为了减脂塑形,可能是为了交友,这些动机的推动性都要比其单纯对舞蹈感兴趣这一动机要强一些。相对来说,直接动机具有表面性,间接动机具有根本性,间接动机和直接动机相比,更能激发学生学习,使学生的学习积极性保持得久一些。因此,对于运动员参加运动训练而言,要善于将训练的直接动机转化为间接动机,让运动员真正理解运动训练的意义所在,这样才有利于获得理想的训练效果。

三、体能训练与各心理要素的关系

(一)体能训练与运动动机

根据心理学理论,动机可以说是驱使个体进行活动的心理动因或内部动力。在动机的激发和影响下,人们能产生各种各样的行为,建立良好的动机是十分重要的。在良好的动机刺激下,人们的活动能向着正确的方向发展,能充分满足人们的需求,实现既定的目标。因此,运动员要想顺利地参加体能训练,获得理想的训练效果,树立正确的运动动机是十分重要的。

1.影响动机的因素

一般来说,影响动机的因素有很多,其中主要包括内部与外部两个方面。参加体能训练的运动员一定要认清这两方面的因素。

(1)内部条件

内部条件是人们产生动机的一个重要方面,人的内部条件主要指的是人的"需求",它是个体由于缺乏某种事物而引发的多种不适感。在这样的情况下,人们能激发出强烈的行为。运动员参加体能训练也需要内部动机的激发。

（2）外部条件

外部条件主要指的是运动个体接受的各种外部环境刺激，这些刺激会对人的各种活动产生重要的影响。在外部环境的刺激和影响下，人们能产生不同的动机，因此，营造良好的环境条件对于运动员参加运动训练具有重要的意义。

2．动机的分类

（1）以需求性质为依据

①生物性动机。这一种动机是人类和动物所共同拥有的，如人困了就要睡觉、饿了就要吃饭等就属于这一种动机。直接性是这一动机的基本特点。

②社会性动机。人是一个社会的人，有着很强的社会属性，这是人与动物的重要区别。社会性动机主要指的是满足人的社会需要。

（2）以兴趣特点为依据

①直接动机。直接动机是指那些以直接兴趣为基础且指向活动过程本身的动机。如一个人对某一项运动怀有浓厚的兴趣，在这一兴趣的引领下，就能够积极地参加这一项运动，从中获得满足感，这就是直接动机，直接性是这一动机的最大特点。

②间接动机。间接动机是指那些以兴趣导向为基础且指向活动的结果的动机。人们参加某一项运动，或许并不仅仅是喜欢这一项运动，喜欢的是这项运动带给自己的额外属性，如受到他人的认可和崇拜等。这就属于间接性动机。

（3）以情感体验为依据

①缺乏性动机。缺乏性动机是以将危险、威胁、缺乏等需要予以排除为特征的动机。在不良的心理情绪下，人们往往会出现这一动机，出现这一动机时，通常会带来不良的后果。而当人们实现某种任务和目标后，这一动机就会慢慢消失。

②丰富性动机。顾名思义，丰富性动机的内容是非常丰富的，如享乐、满足、成就感等是这一动机下产生的内容。这一动机是与缺乏性动机相反的，在这一动机的驱使下，人们会不断地去追求心理上的满足感和成就感，能有效提高学习与锻炼的积极性。为提高学生学习的效果，树立丰富性动机是非常有必要的。

（4）以动机来源为依据

①内部动机。在内部动机的指引下，人们往往能够实现自己的目标，完成既定的任务，从而获得成就感和满足感。如人们参加篮球运动，就获得了一定的满足感和愉悦感，激发内部动机对于学生的发展而言十分重要。

②外部动机。在外部动机的指引下，人们参加某些活动也能受到一定的激励和影响。顾名思义，这一动机主要来源于其他事物，来自于外部的动员力量，在外部动机的影响下，人们也能促使自身获得进一步发展。

3. 动机的作用

动机对人的作用是非常大的，一般来说主要体现在以下几个方面。

（1）始发作用

通过各种动机的影响，运动员参加各种形式的体能训练活动，从而增强自身体质，提高运动水平，这就是动机的始发作用。

（2）指向或选择作用

不同动机会有不同的影响，如人们参加某一项运动通常是处于健身还是娱乐的需要，这就是不同的动机。因此，动机还具有一定的指向或选择作用。

（3）强化作用

强化也是动机的一个重要作用。动机是维持、增加或制止、减弱大众健身运动的力量。要想保持一个积极的参与热度，就需要参与动机保持在较高水平。动机强度越高，运动员参加运动训练的意愿就越强烈。因此，激发与强化正确的训练动机是非常重要的。

（二）体能训练与情绪

在心理学研究中，情绪是非常重要的内容之一。一般情况下，人们在不同情绪状态下处理事务通常会收到不同的效果。一个心理健全的人，其情绪一般是相对稳定的，不易受外界环境变化的影响，即使有影响也不会变得不能自制。总是相对稳定和协调的。实际上，人们参加任何活动都会带有一定的情绪，尤其是在遇到困难和挫折时，情绪会产生较大的波动，这都是正常的，出现一段时间的情绪波动后，心理健康的人会在短期内恢复正常，而心理不健康的人很可能会陷入困难与挫折之中,长时间难以自拔。一个人面对困难与挫折时,自身对情绪的调节能力是展现其心理健康水平的标志。

运动员在良好的情绪下参加体能训练,通常能获得不错的训练效果,这就是情绪在发挥作用。如果是带着良好的情绪参与体育运动锻炼,则会起到为体育运动锻炼"增力"的效果,运动者在锻炼中会表现出高昂和积极的精神状态;反之,运动者参与锻炼的态度就是消极的,难以获得理想的训练效果。由此可见,体能训练与情绪之间有着极为密切的关系。

（三）体能训练与意志

意志是指支持个体自觉地明确目标、支配行动、克服困难、实现目标的心理过程。对于拥有良好的意志品质的运动员而言,他们参与运动训练的积极性一般都非常高,其自觉性和持久性一般也相对较高,这就是意志的作用与意义所在。

如果运动员具备良好的心理和意志,在参与体能训练的过程中就会有着清晰的目标,能正确认识体能训练的目的,做出合理的行为,提高自觉参与训练的积极性,促进运动水平的提高。

四、体能训练的心理过程表现

运动员参加体能训练都有一个心理过程,这一心理过程包含诸多要素,通过对运动的心理过程分析,能准确把握运动员的心理变化情况,从而为运动训练计划的调整提供真实可靠的事实依据。

（一）体能训练中的感知过程

感知可以说是人们对事物认知的第一步,是人体通过大脑对客观事物的直接反应。感知指的就是感觉和知觉,通常来说,这两个方面有着共同的特点,都是人脑对客观事物的反应。但需要注意的是,它们的认知过程并不相同,存在着较大的差异。

1.感觉

感觉指的是人脑对事物个别属性的集中反应,我们平时常说的听声、看色、嗅味等都属于感觉这一方面的范畴。感觉对人的心理机能会产生直接的影响。

2. 知觉

知觉指的是人脑对事物整体的集中反应,它与感觉有着一定的关系。体能训练中各种动作的完成都需要一定的感觉与知觉作为辅助,对感觉和知觉都有较高的要求,如果不具备良好的感知觉能力是无法获得理想的体能训练效果的。

(二)体能训练中的思维过程

思维指的是事物的本质属性和内部规律性在人脑中的反应,通常情况下,人们如果具有了良好的敏捷性和灵活性就说明具有了良好的思维。

大量的研究与实践表明,人的思维与运动之间有着极为密切的关系。这主要体现在以下两个方面。

一方面,经常参加体能训练,人体素质不仅能够得到有效的锻炼与发展,而且对于运动者思维能力的提升也具有重要的推动作用。

另一方面,良好的思维有助于运动者更好地理解运动原理与规律,从而较快地掌握技术动作,获得理想的运动效果。

(三)体能训练中的记忆过程

记忆对于一个人的发展而言至关重要,在运动员的体能训练中,记忆扮演着十分重要的角色。没有记忆,人体就无法从事各种活动,因此,加强记忆这一心理要素与运动训练的研究非常重要。

在运动员的日常训练中,运动记忆是其中一种重要的形式。运动记忆与人体肌肉活动之间有着极为密切的关系,另外,在人的记忆过程中存在着运动表象这一重要的因素。通常情况下,运动表象主要分为内部表象与外部表象两种类型,内部表象主要指的是肌肉运动表象,而外部表象则主要是指视觉表象。这两种类型的运动表象都与人的记忆有着密切的关系。

（四）体能训练中的情感过程

情感指的是人对客观事物的不同心理体验，这一心理体验主要有积极和消极之分。当客观事物能满足自己的需要时，就会产生积极的情感；当客观事物不能满足自己的需要时，便会产生消极情感。积极情感与消极情感是人对事物的不同心理反应，在某种情况下，这两种心理反应是可以相互转化的。

运动员经常参加体能训练，在一定应激的刺激下，有机体会做出非常迅速的反应，在此条件下就会引起相应的行动反应。运动员的不同情感状态会对其体能训练或比赛产生非常重要的影响。在良好的情绪状态下，运动员会以积极饱满的热情投入到体能训练中，而在消极的情绪状态下，其参加体能训练的积极性就不会很高，也就难以获得理想的训练效果。

（五）体能训练中的意志过程

意志指的是人们为了实现确定的目的而支配自己的行为，并在运动时自觉克服困难的心理过程。意志对于运动员能否顺利地完成训练和比赛具有重要的意义和作用。

运动员在参加运动训练的过程中，一切行为活动都受一定意志的支配。在能量消耗较大的情况下，运动员需要集中注意力，克服各种困难，如果不具备良好的意志品质是难以克服这些困难的。可以说，坚强的意志品质在运动中发挥着极为重要的作用，是不可替代的一种心理品质。

因此，为获得理想的训练效果，运动员必须要克服种种困难，充分发挥自身的积极能动性，培养坚强的意志品质，克服种种困难，不断提高其运动水平。

第三节　体能训练的运动学基础

一、人体运动的基本形式

一般情况下，人体运动主要分为质点运动和刚体运动两个方面的内容。其中质点运动分为直线运动和曲线运动两个部分；刚体运动分为平动、转动和复合运动三个部分(图2-1)。

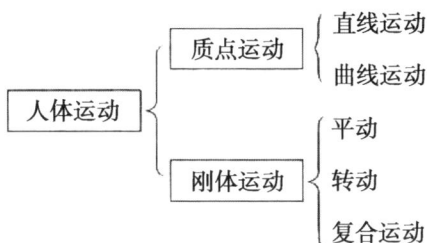

图2-1 人体运动的基本形式

(一)直线运动和曲线运动

1. 直线运动

所谓直线运动，即人体或器械始终处在一条直线上的运动。通常来说，纯粹的直线运动在人体运动中是很少的，只有近似的直线运动。一般将直线运动分为变速直线运动和匀变速直线运动。前者是指运动的质点始终处在一条直线上，并且在相等时间内通过的路程相等，如步行、慢跑等，人体的重心可视为匀速直线运动；后者主要是指人体在进行运动时，相等时间内速度变化量相等，其由时间速度坐标图表示，则为一条斜线。运动员在参加体能训练时，短距离跑、冲刺跑等都存在着直线运动这一形式。

2. 曲线运动

人体在运动的过程中，如果将人或器械作为质点，则其运动的轨迹是一条曲线，这就是曲线运动。人体在进行曲线运动时，速度的大小、方向、加速度发生变化时，需要强调其各物理量的矢量性。曲线运动较多，如人体在起跳腾空后在空中的轨迹就属于曲线运动。

(二)平动、转动和复合运动

1. 平动

如果在运动过程中，刚体上任意两点的连线保持平行，而且长度不变，那么这种运动就叫作平动。例如，轮滑运动中姿势维持阶段。刚体平动时,可视为质点运动,分为曲线平动和直线平动。

2. 转动

转动是物体绕着一个固定点或固定转轴做旋转运动,如髋关节和肩关节的旋内、旋外等。如运动员在参加体能训练时,各种的走跑跳等动作都是人体各环节绕关节轴转动而实现的,可以说,人体各关节的转动是人体运动的重要基础。在人体运动中扮演着十分重要的角色。

3. 复合运动

与平动与转动相比,复合运动这一形式较为复杂,一般情况下,复合运动主要包括身体重心的平动以及肢体其他部位绕重心的转动。

以上三种运动都是人体运动的重要形式,理解了人体运动的基本原理,就能为科学地参加体能训练奠定良好的基础。

二、人体运动的力

(一)力的三要素

力是物体间的相互作用,当力作用于物体时,会产生一定的效应。人体运动的力可以分为以下三个方面的要素。

(1)力的大小。通常情况下,人体力量的大小以及作用力器械上的力的大小会对运动员的运动成绩产生极为重要的影响,如跳高、撑竿跳高等运动,人体力量的大小都在其中起着非常重要的作用。

(2)力的方向。在进行力的研究与分析时,可将力的方向用箭头表示,箭头所指的方向即力的方向。一般情况下,物体运动是多力共同作用的结果,运动员要明白力的方向的作用和效果。

(3)力的作用点。一般情况下,同样的力作用在不同作用点上,产生的效应也存在着较大的差异。如踢球时,力作用在球的不同位置,球体可能就会发生不同的旋转,从而导致不同的效果。

(二)人体运动的内力与外力

1. 内力

人体各部分之间的相互作用力指的就是内力。一般情况下,人体的内力主要包括肌力、韧带张力、骨应力等几个部分。通常情况下,这些内力是可以控制的。在人体内力的作用下,人体各个部位参与各项运动,共同实现各种目标。

2. 外力

外界作用于人体的力指的就是外力。运动员在参加运动训练时,机体就会受到各种外力的影响,如重力、摩擦力、空气阻力等。

人体在运动中,不论是内力还是外力都在其中产生着极为重要的影响,良好地把握内力与外力对于运动员的运动训练具有重要的意义。

三、影响人体运动技能发展的因素

影响人体运动技能的因素主要体现在以下几个方面,了解这方面的理论知识对于运动员参加运动训练具有重要的帮助。

（一）运动水平对运动技能的影响

运动员在参加运动训练时,其运动水平的提高遵循一定的规律,基本上为先快后慢,这主要是因为在学习新技术初期,过去已经掌握的与新技术有关的相似动作及动作经验,具有迁移作用,有助于新技术的掌握;在初期技术动作的分化都是粗糙的;而且新技术对于身体素质的要求并不高。但伴随着运动员运动水平的逐渐提高,对运动条件反射的精确性的要求越来越高,这与训练初期运动条件的反射差距很大,这就相当于需要重新建立新的运动条件反射;在这样的情况下,对运动员的身体素质与技能水平都要求得越来越高。总之,伴随着运动员运动训练的逐步进行,其运动水平提升的速度也会越来越慢。

（二）大脑皮质机能状态对运动技能的影响

除了运动员的运动水平外,人体大脑皮质的机能状态也会对其运动技能的学习与掌握产生重要的影响。如果要想获得理想的训练效果,人体大脑皮质的兴奋性必须要维持一个正常水准,过高或过低都不行。通常来说,运动员在训练和比赛开始前,都要做好充分的准备活动,要将自身的应激水平调整到一个最佳状态。

（三）各感觉机能间的相互作用对运动技能的影响

一般来说,人体运动技能的形成过程,就是在多种感觉机能参与下同大脑皮质动觉细胞建立暂时的神经联系。感觉支配肌肉产生肌肉感觉,继而形成运动技能。因此,运动员只有通过反复不断的训练,才能建立精确的分化,区别出正确动作和错误动作的肌肉感觉,如此才能形成并巩固正确的技术动作。

通常情况下,运动员在运动训练的过程中,除了受到听觉、视觉等影响外,还会受到内脏感觉的影响。在完成任何动作时各感觉机能都同时起作用,只不过根据运动项目的特点,对某一种感觉机能要求更高一些。因此运动员要坚持参加运动训练,充分发挥各感觉机能的作用,这样非常有利于运动技能水平的提升。

第四节 体能训练的营养学基础

一、人体运动所需的营养素

为保证人体参与活动的正常进行,进行必要的营养补充是尤为重要的,在参加体能训练时,进行营养素的补充就显得更为重要。

运动员在参加体能训练的过程中,一定要注意营养摄取的全面性,不全面的营养摄入会影响身体机能的发展,不利于体能训练活动的顺利进行。通常来说,人体所需的营养素主要包括以下内容。

（一）水

在人体所需的各项元素中,水是非常重要的。水可以说是生命之源,是维持人体生命活动的重要物质。在人体各种元素中,水的含量是最多的,约占人体体重 2/3,由此可见水的重要性。

大量的研究与实践充分表明,水的缺乏会导致人体各种生理功能受限,不利于人体的健康发展。水对于人体的主要作用在于参与人体代谢过程、促进腺体正常分泌以及调节体温,当然水还有其他方面的作用,这里就不再赘述了。

在我们平时的膳食中,各类食物都含有一定的水分,通常情况下,人体的水主要来自摄入的食物和饮料。对于一个正常的成年人来说,每天基本的水摄入量为 2000 ~ 2500 毫升。对于经常参加体能训练的运动员而言,摄入的水分要多一些,以维持机体的需要。

（二）糖类

糖类是人体所需的重要营养素,一般来说,糖类主要有单糖、双糖和多糖之分。其中,单糖主要有葡萄糖和半乳糖,双糖有乳糖、蔗糖和麦芽糖,多糖则有淀粉、糖原和果胶。糖类对人体健康发展具有十分重要的意义,对于机体运动也具有重要的作用。因此,运动员在参加体能训练时也要注意糖类这一营养素的补充。

（1）糖类是一种重要的维持机体正常运转的能量供应物质。

（2）糖类易于被人体所吸收和利用,为人体提供重要的能量。

（3）糖类是构成人体细胞和神经的重要物质,在人体各类营养素中占据着十分重要的地位。

人们在平时的生活中可以通过各种食物来获取糖类,如米、面、水果、牛奶等,日常的饮食一般都能满足机体对糖的需求。而运动员在参加体能训练时,可以适当地多补充一些糖类营养素,以维持机体活动的正常进行。

（三）脂肪

脂肪在人体中扮演着十分重要的角色,是一种重要的人体所必需的营养素,这一营养素主要由碳、氢和氧等元素构成。脂肪的功能主要体现在以下几个方面。

（1）脂肪能帮助运动者维持正常的体温。

（2）脂肪能很好地保护人体内脏器官不受破坏。

（3）脂肪是构成人体细胞的重要成分。

我们平时所食用的肉类、蛋黄、花生等食物中都含有大量的脂肪,通常情况下都能满足机体对脂肪的需求。

（四）蛋白质

对于人体而言,蛋白质是一种重要的营养素,它主要由氧、碳、氢和氮等元素构成,蛋白质对人体健康具有十分重要的作用,其营养功能主要体现在以下几个方面。

（1）蛋白质是构成人体细胞的重要物质。

（2）蛋白质能在一定程度上修复人体受损的细胞。

（3）蛋白质能为人体提供所必需的能量。

（4）蛋白质能产生抗体,使人体产生极大的抵抗力。

在平时的饮食中,人们可以从蛋、豆、肉等食物中获取足量的蛋白质。足量的蛋白质能保证机体参加运动锻炼,维持机体所需。

（五）矿物质

矿物质主要包括常量元素和微量元素两种。常量元素主要有钙、钠、磷、镁、氯、钾等,微量元素主要有铁、锌、碘、铜、硒等。虽然矿物质在人体中的含量并不高,但缺少了这一元素,也会影响人体的健康。

总体而言,矿物质具有以下几个重要的营养功能。

（1）矿物质是构成人体组织的重要成分。

（2）矿物质能在一定程度上维持人体的酸碱平衡。

（3）矿物质是一种重要的辅助物质。

一般来说,我们平时所食用的各类食物中都含有大量的矿物质,如乳制品中含有大量的钙;动物内脏中含有大量的铁和锌。日常食用这些食物通常都能获得足量的矿物质,不需要额外补充。

（六）维生素

维生素在人体健康发展中扮演着十分重要的角色。它是维持人体正常运转所必备的一类营养物质。维生素主要分为水溶性维生素和脂溶性维生素两大类。水溶性维生素主要有维生素 C 族和维生素 B 族等,脂溶性维生素主要包括维生素 A、维生素 D、维生素 E 和维生素 K 等几类。这两种维生素是人体不可或缺的,能为人体顺利运转提供必要的营养。主要维生素的营养功能如下所述。

（1）维生素 A：健齿、健骨、促消化。

（2）维生素 B_1：促进能量代谢及糖代谢生成 ATP 等。

（3）维生素 B_2：：预防脚气病；缓解口腔溃疡等。

（4）维生素 C：抗氧化、缓解机体疲劳等。

我们平时所食用的各类食物中,如蔬菜和水果等都含有大量的维生素,日常食用这些食物就能满足机体对维生素的需求。

二、体能训练中的营养补充

(一)营养补充的意义所在

运动员参加体能训练活动,一定要注意营养的补充,要充分满足机体对各种营养素的需求。可以说,营养补充对于运动员参加体能训练具有重要的意义,这突出体现在以下几个方面。

1.增强运动能力

(1)补充能量物质

运动员长时间地参加体能训练,身体难免会出现一定的疲劳现象,如果不注意补充能量,久而久之就容易导致运动损伤,因此一定要重视水、无机盐以及矿物质等各种营养素的补充,这对于运动员顺利安全地参加体能U型能力具有重要的意义。通过补充各种营养素,人体疲劳状况才能得到有效的缓解,从而以积极饱满的精神继续投入到训练之中,提高训练的质量。

(2)储备后续能量

运动员在体能训练的过程中,机体会消耗大量的能量,如果不及时补充就不利于训练活动的顺利进行,甚至还会导致运动损伤,影响人体健康。另外,通过合理的营养补充,还能为接下来的活动储备必要的能量,保证体能训练活动各个环节的顺畅进行。

(3)提高身体免疫能力

运动员在长时间参加体能训练的情况下,身体会消耗大量的能量,这时的身体免疫力会出现下降的情况,如果不及时地补充营养物质,机体的内分泌和免疫系统等就会受到极大的破坏,影响体能训练活动的顺利进行,甚至可能带来不必要的运动损伤。因此,及时地补充营养,提高人体免疫力,对于运动员参加训练活动具有重要的意义。

(4)加速恢复体能

长时间参加体能训练后,通过补充各种各样的营养素,人体中的有机物质就可以快速合成,满足身体的需要,体能能够得到快速的恢复。

如此就能以积极的身心状态投入到训练之中。

2.补充营养损失

运动员长时间地参加体能训练,机体的新陈代谢速度会进一步加快,营养物质也会被消耗殆尽,及时地补充流失掉的营养物质对于人体的健康发展是十分重要的。需要注意的是,维生素的补充应在一个合理的范围内,既不能过量也不能过少,这样才能有效预防运动伤病,保证训练活动的顺利进行。

(二)常见营养素的补充

1.水

在参加长时间的体能训练后,机体会消耗大量的水分,及时合理地补充水分是至关重要的。在水的补充方面,人们普遍存在一个误区,即认为只有当感到口渴的时候才认为需要补水。实际上,一旦人体感到口渴的时候,就代表其身体已经丢失了3%的水,此时的机体就处于轻度脱水状态之中,在这样的情况下,人体运动能力会受到一定的限制。因此,及时合理地补充水分非常重要。一般情况下,水分的补充可以分活动前、中、后三个阶段进行,遵循少量多次的原则。

(1)运动前补水

进行运动前补水的目的在于预防脱水现象。一般来说,运动前的补水应以少量多次为原则,在运动开始前2小时补充0.4~0.6升的水,运动员也可以选择运动型的功能饮料,也能取得不错的效果。

(2)运动中补水

运动员在经过长时间的体能训练后,会出现大量的排汗现象,导致水分大量丢失,此时补水能维持体内水的含量,保证机体所需。一般情况下,运动中的补水量以排汗量为确定依据,一般情况下,运动中补水的总量要在失水量的50%~70%,所补充的水以含电解质和糖的运动型功能饮料为宜。通过这些合理地补充水分,人体能够及时得到营养,从而保证训练活动的持续进行。

(3)运动后补水

运动后补水也是一个非常重要的环节,通常情况下,这一环节往往受到忽略。运动后补水这一形式能在一定程度上补充身体欠缺的那部分的水,从而使运动机体获得充足的能量。运动后所补的水应是有一定含糖量的饮料,这能有效地恢复运动机体的血容量,同时要尽可能地避免补充碳酸饮料。需要注意的是,运动后补水并不是越多越好,如果补充的水分过多则有可能导致丢失更多的电解质,给人的肾脏带来极大的负担。

2. 能量

运动员长时间地参加体能训练,身体会消耗大量的能量,如果不能及时地补充丢失的能量,不仅影响运动训练的顺利进行,甚至还会带来一定的运动损伤,危害人体健康。因此,在体能训练中要及时地补充脂肪、蛋白质、矿物质等能量。

在运动员的体能训练中,力量、速度、耐力等素质的训练非常重要。运动员从事任何运动项目都需要具备以上几种素质。在速度、耐力与力量素质训练中,会消耗机体大量的能量,因此要及时合理地补充能量。

一般来说,运动员在参加体能训练时,可以多补充一些糖和脂肪含量较多的食物,这样才能满足机体参加体能训练的需要。需要注意的是,脂肪的补充不要过量,否则就会影响机体对蛋白质和铁等营养的吸收,且脂肪在摄入后会相对更长时间停留在胃中,造成对运动的负担,因此脂肪的补充要因人而异,依据运动员的具体实际进行。

运动员参加体能训练,及时合理地补充糖类也是尤为必要的。这是因为如果运动机体中的肌糖原水平较低,就会影响运动员的正常活动,并且容易在运动中发生疲劳现象且不易恢复。一般来说,补糖的方式要根据运动程度而定,如果进行的是短时间运动,则不需要额外补糖;如果是大强度的运动训练,则需要额外补糖。

一般情况下,补糖要分为运动前、中、后三个阶段。运动前补糖要在开始前 2 小时以及 15 分钟时分别进行;运动中补糖可在轮换休息或暂停时进行,以此保证机体在运动中的能量供应;运动后补糖应在运动后立即进行,此后每 1 小时补充一次,如此就能获得理想的补糖效果,能满足机体对糖的需求,有利于人体健康。

3. 维生素

运动员经常参加体能训练活动还要补充必要的维生素,维生素的补充一定要及时合理。人体内所需的维生素需要通过食物的摄入。经常参加体能训练的运动员,补充维生素时要结合自身的具体实际进行,不能过多或过少,要适量补充维生素。

4.蛋白质

蛋白质的补充对于运动员参加体能训练而言具有重要的意义,运动员在补充蛋白质时需要注意以下几点。

(1)体能训练开始阶段,蛋白质的补充要适当增加,不能急于求成。这是因为此阶段中运动机体会出现更多细胞损伤的情况,此时补充蛋白质有助于对受损细胞的快速修复。

(2)参加体能训练的运动员要依据运动强度和频率适当地补充蛋白质。因为体能训练中不同的运动强度和运动频率对体内的蛋白质消耗程度不同,此时对蛋白质的补充要与运动强度和频率成正比。

(3)当不能及时补充热量以及糖原储备不足时,应适当增加蛋白质的补充量。

一般来说,运动员的蛋白质补充要维持体内蛋白质的"正平衡"状态,即补充的蛋白质量多于消耗的蛋白质量。除此之外,蛋白质的补充量还要以体力活动的强度为依据进行适量增减。例如,当进行力量、耐力等强度较大的体能训练时,对其蛋白质的补充应达到每日总能量摄入的 15%～18%,如果是强度稍小的其他形式的训练,则补充量应达到每日总能量摄入的 14%～16%。总之,蛋白质的补充要依据运动员的具体实际进行,切忌盲目进行,否则就难以获得理想的效果,影响运动训练的正常进行。

第三章 平衡与稳定性训练方法的设计

平衡能力和稳定性是影响竞技运动员体能和竞技能力发展的重要因素,也是运动员提高体能和运动技能的重要环节。良好的平衡能力与稳定性能够帮助运动员在训练和比赛中较好地控制身体姿态,预防损伤发生,并有助于促进运动员运动技能运用能力的提升。因此在体能训练中要重视平衡与稳定性训练,为运动员整体提升体能与竞技能力奠定良好的基础。本章着重探讨平衡与稳定性训练方法设计,首先简要阐述平衡能力与稳定性的基本理论;其次重点分析平衡能力与核心稳定性的多种训练方法;再次提出在平衡与稳定性训练中要注意的事项;最后以武术为例分析武术项目的平衡与稳定性训练方法。

第一节 平衡与稳定概述

一、平衡能力

(一)平衡能力的概念

关于平衡能力概念的界定,从医学、力学、临床学等不同学科视角出发有不同的观点,这里主要从体能视角解释平衡能力的概念。比较权威的观点来自美国体能协会,该组织这样定义平衡能力:人体各种感觉输入,在重心适度移动范围内各种肢体下负重、调整和维持姿势稳定的能力就是所谓的平衡能力。[①]

---

① [美]Bill Foran.高水平竞技体能训练[M].袁守龙,刘爱杰,译.北京:北京体育大学出版社,2006.

（二）平衡能力的分类

从运动生理学视角分析，可以将平衡能力分为以下两类。

1. 静态平衡

静态平衡是人们日常生活中经常出现的一种身体状态，如站立不动，坐立不动等，在这种状态下，身体是稳定的。

2. 动态平衡

动态平衡指的是当受到外力因素影响时，人体迅速调整身体姿势以维持身体平衡的过程和能力。

美国运动医学协会指出，平衡能力除了上述两种类型外，还有另外一种情况，既自然平衡，它是指人体在自主性的身体活动中如由坐立姿势转换为站立姿势的过程中保持身体稳定的过程或能力。

（三）平衡能力的影响因素

平衡能力的影响因素及影响表现见表3-1。

表3-1　平衡能力的影响因素[①]

影响因素	影响情况
力臂长短	力臂短，平衡能力强；力臂长，平衡能力差
支撑面大小	支撑面越大，平衡能力越好
支撑面稳定性	支撑面越稳定，平衡能力越好
解剖面的单一化与多元化	动作的解剖面越多，平衡能力越好
运动幅度大小	运动幅度越小，越容易保持平衡
信息反馈量	眼睛张开的情况下获取的信息反馈量更多，所以张开眼睛完成动作比闭眼完成动作更容易保持平衡

二、稳定性

稳定性指的是运动员身体在受到外力影响的情况下与之抗衡并予以控制的能力。

① 马文海.武术运动生物力学[M].开封：河南大学出版社，2010.

一些体育项目中运动员的平衡能力与稳定性对其运动成绩的影响非常大,因此要特别重视根据运动专项的特点和要求训练平衡能力和稳定性,同时也要兼顾一般平衡能力的训练。

在运动员的稳定性训练中,核心稳定性至关重要。核心稳定性训练的目的就是为了建立一个强大的核心肌群。在运动过程中核心肌群可以像束腰一样稳定脊柱并保证力量的有效传导。一个动作的完成通常是一个动力链的过程。在这个动态链中包括很多的环节,躯干就是其中的一个重要环节。当肢体发力时,躯干核心肌群蓄积的能量从身体中心向运动的每一个环节传导。强有力的核心肌群对运动中的身体姿势、运动技能和专项技术动作起着稳定和支持作用。任何竞技项目的技术动作都不是依靠某单一肌群就能完成的,必须要动员许多肌肉群协调工作。核心肌群在所有需要力量、速度的运动中,都扮演了一个传导力量到肢体的重要角色。在此过程中担负着稳定重心、环节发力、传导力量等作用,同时也是整体发力的主要环节,对上下肢体的协同工作及整合用力起着承上启下的枢纽作用。因此,在运动训练中,加强运动员的核心稳定性训练非常重要,需要引起高度重视。

第二节 平衡与稳定训练方法

一、肌肉平衡训练

肌肉平衡训练包括三个维度,分别是上肢与下肢肌肉平衡训练、身体左侧与右侧的肌肉平衡训练以及身体前侧与后侧的肌肉平衡训练。肌肉平衡训练计划包括这三个维度才是完整的全面的训练计划。为提高运动员平衡能力、协调能力以及整体运动能力,在肌肉平衡训练中既要进行单关节训练,又要注重多关节训练,兼顾二者还有助于预防运动损伤和提高运动成绩。

下面具体分析单关节肌肉平衡训练方法和多关节肌肉平衡训练方法。

（一）单关节肌肉平衡训练

围绕一个关节周围的肌群集中进行训练就是单关节训练。进行单关节训练主要是为了促进运动员各部位肌肉和不同肌群发展的平衡,同时也是为了提高运动员的身体适应能力,使其做好准备接受更大的负荷刺激。在训练中要尽可能全面训练各个肌肉或肌群,尤其是对运动成绩有重要影响的优势肌群,通过训练使优势肌群的功能得到最大程度的发挥。

单关节训练的具体方法如下。

1. 伸腿

(1)训练目的

促进股四头肌的发展。

(2)训练方法

练习方法如下(图3-1):

①在腿部伸展机上坐好,根据需要对靠背位置进行调整,调整后要使膝关节中心与器材的旋转轴在同一水平高度。膝关节弯曲使大腿与小腿保持垂直,器材的阻力垫刚好在踝关节上方。

②对抗器械阻力尽可能将腿伸直,切记不要过度伸展膝关节,以免受伤。

③两腿慢慢放下,还原到准备姿势。

反复练习。

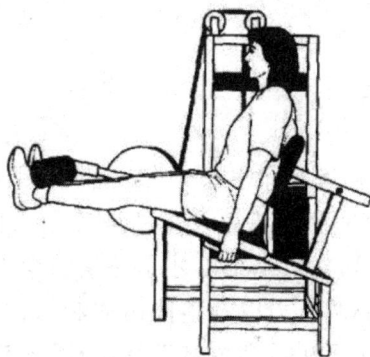

图 3-1 伸腿练习 [①]

---

① [美]Bill Foran.高水平竞技体能训练[M].袁守龙,刘爱杰,译.北京:北京体育大学出版社,2006.

2.后屈腿

（1）训练目的

促进腘绳肌的发展。

（2）训练方法

训练方法如下（图 3-2）：

①在卧式后屈腿训练器上成俯卧姿势，将阻力垫调整到小腿腓肠肌 1/3 处的位置。准备环节避免过度拉伸膝关节。

②屈膝抬脚，使小腿向臀部慢慢靠近。

③两腿缓慢还原成准备姿势。

反复练习。

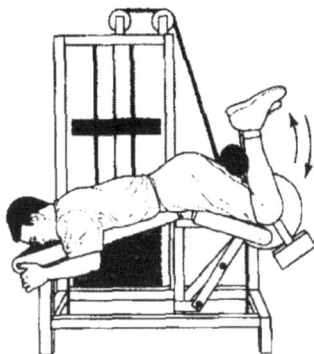

图 3-2　后屈腿练习①

（3）变换练习

尝试将一定重量的物体固定在一侧腿上，按上述方式进行举重物练习，重复练习几次后将重物换到另一条腿上继续练习。

3.系橡皮筋进行大腿内收与外展练习

（1）训练目的

促进髋部外展肌群和内收肌群的发展，以促进膝关节平衡稳定性的提升。

（2）训练方法

训练方法如下：

①在某一支撑物上系上橡皮筋，橡皮筋的另一端绑在脚踝上。身体

---

① ［美］Bill Foran.高水平竞技体能训练［M］.袁守龙，刘爱杰，译.北京：北京体育大学出版社，2006.

与支撑物相距一臂的距离。

②训练外展肌群时,支撑腿维持身体平衡,练习腿外展与身体中线保持一定距离,至少保持2秒,然后还原。

③训练内收肌群时,支撑腿维持身体平衡,练习腿稍经过身体中线并制动,注意不要转髋,至少保持2秒,然后还原。

外展肌群与内收肌群交替训练。

（二）多关节肌肉平衡训练

一些运动项目中包含了大量的综合性动作,因此要根据专项特征进行多关节训练,以提高训练效果。事实上纯粹的单关节动作在体育运动中是很少见的,基本上都是多关节动作,所以要加强多关节训练。多关节训练的特点是比较缓慢,要求练习者有一定的控制力,具备可控条件,这样增加了训练的安全性,可以有效预防运动员在练习中受伤。

多关节训练的方法如下。

1. 伸腿

（1）训练目的

促进臀部肌群、小腿肌群、股四头肌的平衡发展。

（2）训练方法

训练方法如下（图3-3）：

①平躺在腿部伸蹬器上,对座位进行调整,使大小腿保持垂直。双脚保持一定距离。

②双脚用力蹬踩踏板,直到两腿完全伸直。两腿膝关节保持一定距离。

③缓慢还原。

反复练习。

（3）变换练习

①可以进行单腿练习,两腿交替蹬踏板。

②将一定重量的实心球放在两腿膝关节之间,两腿蹬伸时挤压实心球。

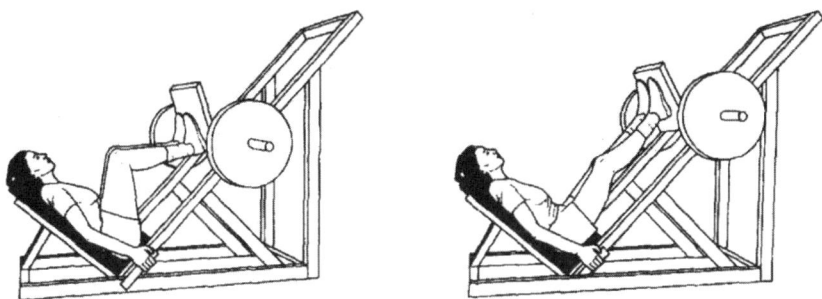

图 3-3 伸腿[1]

2.弓箭步

（1）训练目的

促进躯干肌群和下肢肌群的发展。

（2）训练方法

训练方法如下（图 3-4）：

①自然站立，两脚分开，手持杠铃颈后肩上。

②右腿向前跨出（步子较大），屈膝成 90 度，上身始终保持挺直状态，目视正前方。

③右腿收回，左腿向前跨出继续练习。

两腿交替反复练习。

图 3-4 弓箭步[2]

---

① ［美］Bill Foran.高水平竞技体能训练[M].袁守龙，刘爱杰，译.北京：北京体育大学出版社，2006.

② 同上。

（3）变换练习

①侧弓步练习

左脚向左侧跨一步或右脚向右侧跨一步,屈膝深蹲,然后右脚向右侧跨一步,屈膝深蹲。两侧交替进行。若不能做标准的深蹲姿势,可以缩小大小腿的夹角,以免刺激膝盖造成损伤。

②十字交叉弓箭步练习

左腿经过右脚向右前方跨步(45度对角线方向),身体挺直,还原,右腿经过左脚向左前方跨步,两腿交替练习。

③持器械弓步练习

手持实心球或哑铃,置于颈后,然后按上述方式进行弓箭步练习。

3. 深蹲

（1）训练目的

促进背部伸肌、股四头肌、臀肌和小腿肌群的平衡发展。

（2）训练方法

训练方法如下:

①两脚分开,脚尖稍外展,手持杠铃置于颈后并固定在肩上。

②两腿慢慢有控制地屈膝,直至大小腿垂直,脚后跟支撑身体重心,上体挺直,目视前方。如果不能做完全的深蹲动作,可放宽对膝关节弯曲幅度的限制或要求,以不损害膝关节为宜。

③还原,上身始终挺直。

反复练习。

（3）变换练习

持器械练习,将实心球或哑铃固定在颈后,然后按上述方法练习。

4. 负重交换跳

（1）训练目的

促进股四头肌、臀肌和小腿肌群的增强及平衡发展。

（2）训练方法

训练方法如下:

①双手持杠铃置于颈后肩上固定,身体保持挺直。

②两腿交替上抬进行练习,高度保持在40厘米左右。

（3）变换练习

移动中负重交换跳,向前跳、向左右两侧跳均可。

5.快速挺举

（1）训练目的

促进肱二头肌、股四头肌、三角肌、臀肌和小腿肌群的平衡发展。

（2）训练方法

训练方法如下：

①两脚分开，微屈膝、屈髋。

②双手正握杠铃，杠铃与肩部高度齐平。

③屈膝，重心下移，向上举杠铃，直至手臂完全伸展。

④慢慢还原。

重复练习。

（3）变换练习

将杠铃换成橡皮拉力器或弹力绳，练习方法同上。

二、动态平衡训练

在体育运动中，运动员若要变向，先要分开两脚，脚间距稍比肩宽，降低重心，重心位于两脚间，保持稳定支撑。只有将身体重心控制好，维持最佳的平衡点，才能为变向提供便利，顺利变换方向。一般情况下，女运动员的身体重心比男运动员低一些。变向前调整重心可以保持更好的身体稳定性。控制好重心基本是每项体育项目对运动员的共同要求，运动员要具有良好的动态平衡能力。在滑冰、滑雪、自行车、跳水、举重、体操、摔跤等体育项目中，运动员控制重心和维持身体平衡的能力直接决定着运动成绩。一旦没有控制好重心，身体失去平衡，无法继续维持良好的稳定性，多数情况下会面临被动局面。而在球类运动中，运动员与球一起移动，要保持自身与球的协调平衡，总之，动态平衡对运动员来说非常重要，在平衡能力训练中不可忽视动态平衡训练。

下面分析几种简单实用的动态平衡训练方法。

（一）单足站立

1.训练目的

培养对身体重心的控制能力。

2. 训练方法

训练方法如下：

（1）自然站立，一腿屈膝抬起，使脚尖朝下，支撑腿同侧手抓握上抬腿的踝关节。

（2）保持单腿站立姿势30秒。

（3）两腿交替上抬进行练习。

（二）直线单脚跳

1. 训练目的

增加腿部肌肉力量和身体的平衡性。

2. 训练方法

训练方法如下：

（1）在地上画若干条线，色彩鲜亮以便识别，相邻两线之间相距适宜距离。

（2）站在一端单脚依次跳到另一端，避免踩线。

（3）两腿交替练习。

3. 变换练习

增加难度进行练习，如增加膝关节的弯曲角度；增加间隔距离；单脚跳跃每次落地后静止片刻，上身不能晃动。

（三）圆锥跨跳

1. 训练目的

使下肢更有力量，提高维持身体平衡的能力。

2. 训练方法

训练方法如下：

（1）将三个圆锥形状的物体并列排成一排，相邻物体之间间隔一定距离。

（2）依次跳过三个圆锥体，速度要快，不能有太长时间的停顿。

（3）增加相邻圆锥体的间距，进行难度练习。

3. 变换练习

身体侧对圆锥体,单腿依次跳过,再换另一腿返回,两腿交替进行。该练习可促进腿部力量的增强,也能有效锻炼身体的平衡性。

（四）六边形

1. 训练目的

提高反应能力、反应速度、身体稳定性与灵敏性。

2. 训练方法

训练方法如下:

（1）在地板上画一个边长 60 厘米、夹角 120 度的六边形。

（2）站在六边形中心点,面向任意一条边的方向,听口令依次跑完六条边,然后返回中心点。

（3）换方向继续跑,跑完六条边后跳回中心点。

反复练习。

三、核心稳定性训练

体育运动中,一些球类(足球、篮球、网球、棒球、垒球、高尔夫球)或投掷类项目(铁饼、铅球、标枪)对运动员传递力量的能力提出了较高的要求,主要就是向上肢传递来自地面的力量,传递的效果越好,上肢或手持器械获得的加速度越大,越有利于完成后面的动作。运动员上下肢的力量水平及协调性能够从其传递力量中体现出来。为了提高运动员传递力量的能力,增加传递力量的效果,要加强上下肢、躯干各个部位力量的训练,这样才能使来自地面的力量经过下肢传到躯干,再经过躯干传到上肢或手持器械上。可见,要达到器械加速度的最大化,就要将全身力量都综合起来、动用起来,这就是体能训练中应该遵循的运动链原则。

有些运动项目需要运动员连续重复完成特定动作,这些项目对躯干和上腹部的力量有很高的要求,只有这些部位有力量,才能使身体在良好的伸展状态下完成特定动作。有些运动项目对身体两侧的平衡有很高的要求,身体的平衡直接决定运动成绩,如滑冰、滑雪、游泳、赛艇、自行车等。如果不能按照专项要求训练身体素质，盲目集中训练某一肌群，训练过度，就可能造成运动损伤。在体能训练中，要遵循周期性原则，对间歇期合理安排并根据实际情况灵活调整，从而使肌肉力量、平衡及身体稳定性的训练效果不断提升。

躯干力量强壮是很多运动项目对运动员体能的共同要求，只有具备这个条件，才能以正确的身体姿势完成特定专项动作。完成很多动作时所需的力量都来源于腹直肌，而且上下肢的协调能力也受躯干力量的影响，可见有强壮的躯干非常重要。为增加躯干力量，要特别重视上身训练的全面性，合理安排背肌训练、腹肌训练和腹外斜肌训练，以提升身体的屈伸和旋转功能，将相关肌群的力量充分运用起来，维持合理、稳定的身体姿势。身体不同部位的肌肉在工作时并不是处于绝对的孤立状态，肌肉工作时是相互联系的，只有发展好各部位的肌肉力量，才能从下到上有效传递力量，最终使身体的稳定性达到最佳状态。

下面分析核心稳定性的常见训练方法。

（一）提臀

1. 训练目的

增强腹直肌的力量。

2. 训练方法

（1）仰卧在垫子上，屈膝，使小腿垂直地面，手臂放在身体两侧，保持稳定的身体姿势。

（2）向上提臀部，同时屈腹。

（3）臀部有控制地还原。

反复练习。

（二）"反向起坐"

1. 训练目的

增加腹直肌的力量。

2. 训练方法

训练方法如下（图3-5）：

（1）在垫子上平躺，膝关节微屈，双手置于体侧。

（2）髋部微屈，拉紧腹部肌肉，保持良好的屈腹姿势。

（3）缓慢抬腿，使膝关节向胸部靠近，然后两腿还原，膝关节弯曲角度始终不变。

反复练习。

图 3-5　反向起坐[①]

（三）抬腿

1. 训练目的

增加腹直肌力量，使脊椎更加稳定。

2. 训练方法

训练方法如下：

（1）在垫子上仰卧，两手压在身下支撑背部，两腿伸直，脚尖朝上。

（2）两腿同时向上抬，使两腿与地面的夹角大约为 30 度，保持片刻。

（3）两腿有控制地下落，但不能完全着地，要与地面保持一点距离，以促进肌肉的积极性休息。

反复练习。

---

① ［美］Bill Foran. 高水平竞技体能训练［M］. 袁守龙，刘爱杰，译. 北京：北京体育大学出版社，2006.

（四）抬腿仰卧起坐

1.训练目的

发展腹直肌和屈髋肌。

2.训练方法

（1）仰卧，抬膝成 90 度，双手抱头，肘关节向外。

（2）向上屈体使胸部靠近大腿，然后还原。

反复练习。

（五）坐姿划船

1.训练目的

增加肱二头肌、斜方肌的力量。

2.训练方法

训练方法如下（图 3-6）：

（1）坐姿，微屈膝，双手握坐姿划船器的手柄。

（2）上体保持直立，两肘贴近体侧，身体不要后倾，用力将柄拉向胸与上腹部区域。

（3）缓慢还原。

重复练习。

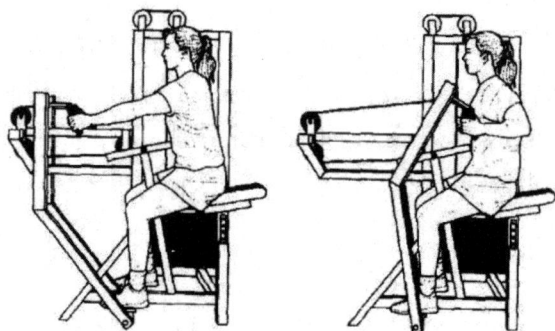

图 3-6　坐姿划船 [①]

---

① 　[美]Bill Foran.高水平竞技体能训练 [M].袁守龙，刘爱杰，译 .北京：北京体育大学出版社，2006.

（六）俄罗斯式扭转

1.训练目的

改善躯干的扭转能力。

2.训练方法

（1）坐姿,屈膝,身体后倾成 45 度。

（2）两臂伸直与大腿平行,双手可持器械来增加阻力。

（3）转肩,直至手臂与身体呈 90 度。

（4）反方向大幅度旋转,转过去转回来为一次。

反复练习。

（七）交叉仰卧起坐

1.训练目的

增加躯干腹内斜肌、腹外斜肌的力量。

2.训练方法

（1）仰卧,单腿屈膝切脚着地,另一腿屈膝并将其脚后跟放在异侧膝上。

（2）双手抱头,肘关节外展。

（3）上体弯曲,用抬起膝异侧的肘以对角的形式去碰膝,不要用手把头拉向前。

（4）交替方向,重复练习。

（八）瑞士球外推

（1）跪在瑞士球前,双手放在球上,高度大致与髋部齐平。

（2）缓慢将球向外滚,同时伸展身体,直到身体完全伸展开,保持背部平直,膝盖作为支点保持不动。

（3）用腹肌和背肌的力量将球滚到开始位置。

每组 15 次,完成 3 组。

（九）瑞士球腰部横向扭转

（1）仰卧，双臂在体侧伸展。双腿置于瑞士球上，臀部贴近瑞士球。

（2）以腹肌为支撑，双腿向身体一侧放下，在保持双肩不离地的同时，双腿尽量靠近地面。

（3）还原，向另一侧转动。

两侧交替练习，每个方向各转动20次。

（十）俯卧撑手部运动

（1）做基本的俯卧撑动作，双手放在一个稳定的实心砖块上，双手大拇指互相接触。

（2）左手从砖块上移下以支撑身体，在舒适范围内尽可能远离砖块。身体降低。

（3）向上推起的同时，左臂移回砖块上，然后右手向右伸出，在地面支撑身体。继续向两个方向来回移动，直到完成30次推起动作。

（十一）椅子骤降

（1）背对椅子站立，屈膝，双手向后够并按住椅子前面的边缘，双脚向前移，直到双膝的位置处于脚后跟正上方。

（2）屈肘，身体缓慢下降，直到上臂和前臂垂直。

（3）将身体推起，直到双臂完全伸展。

每组重复10次，完成3组。

（十二）毛巾飞鸟

（1）做标准的俯卧撑姿势，正对胸部下方的地面上铺一条毛巾。双手放在毛巾上，双手分开。

（2）躯干不动，双手向内侧滑，收拢，然后向外侧滑，还原。

每组重复15次，完成2组。

（十三）反向桥扭转

（1）坐在瑞士球上，双手抱实心球。

（2）双脚缓慢移动，同时使身体贴着瑞士球滚动，直到瑞士球支撑住下背部。两臂完全伸展,使实心球位于胸部上方。

（3）以左肩为支点,上半身向左侧旋转。

（4）缓慢回到中间位置,然后继续向右侧重复练习。

每边重复 15 次,完成 3 组。

（十四）蚌壳系列动作

（1）斜躺,右侧髋部接触地面,前臂支撑身体。将左手置于左侧髋部。双腿稍微弯曲,将一条腿叠放在另一条腿上方。

（2）脊柱挺直,右腿放在地上,双脚靠拢,左膝抬起 10 次。

（3）膝盖和双脚靠拢,将双脚抬离地面,同时,双膝开合 10 次。

（4）保持双膝打开的状态,然后左腿抬起,伸直,大腿不动,然后再次弯曲左腿。

重复 10 次,换另一侧继续练习。

（十五）自行车腹部提拉

（1）仰卧,屈膝,双手放在头后,双腿抬起。

（2）摆动躯干,在身前用左侧肘触碰右膝。想象肩胛骨拉离地面,从肋间及腹斜肌处扭转。

（3）换另一侧重复练习。

左右两边各 6 次。

（十六）下台阶

（1）站在一个砖块上,左脚接近砖块左侧边缘,右脚在砖块旁边悬空。双臂在体前伸直。

（2）左膝弯曲,降低身体重心,使右腿悬空下降至砖块上沿之下。

（3）左侧脚后跟用力向下推,回到开始姿势。

两腿交替练习,每条腿完成 15 次练习为一组,共 2 组。

（十七）爬行成平板支撑

（1）站姿,上体前俯,双手在地面支撑,双腿伸直。

（2）双手向前爬行,直到身体成一个平板支撑姿势。

（3）双臂伸直，降低双肩，保持 10 秒。

（4）双手向双脚方向爬，还原竖直站立姿势。

重复 6 次。

（十八）瑞士球仰卧成桥

（1）竖直坐在瑞士球上，双手置于膝盖。

（2）手臂向前伸展，身体缓慢向后倒，同时脚向前移，使球沿着脊柱向上滚，双臂举过头顶。

（3）上身后仰，双臂微屈，直到双手碰面，后脑顶住球。保持 5 秒，结束时呼气。

（4）放松，抬头，双脚缓慢后移，还原开始姿势。

（十九）单腿臀部推起成桥

（1）仰卧，两腿屈膝，双臂在身体两侧伸直。

（2）左脚抬起，膝盖弯曲成 90 度，大腿和躯干垂直。

（3）右脚脚后跟向地面推，同时骨盆抬起，直到躯干和大腿平行。保持 30 秒。重复练习。

两腿交替练习。

（二十）高弓步

（1）站立，右脚向前跨出，俯身，双手触地，分别置于右脚两侧。

（2）左腿后撤一大步，左腿和身体成一条直线，左脚脚掌接触地面。右脚脚后跟用力推出，大腿肌肉缩紧，保持 30 秒。

（3）左腿撤回和右腿成一条直线，然后右腿向后跨出，重复练习。

（二十一）侧向滚动正确做法

（1）仰卧在瑞士球上，上背部紧靠球。双脚平放在地上且分开，髋部抬起，双臂在体侧伸展。

（2）双脚小步移动，将球向侧面滚动。然后向相反方向滚回。

向每个方向移动 10 步为一组，完成 3 组。

（二十二）小步

（1）仰卧，双膝弯曲，脚尖点地。

（2）双手放在髋骨上，左膝抬起靠近胸部方向，同时收紧腹部肌肉。

（3）左腿放下，腹部肌肉继续绷紧，保持10秒。

（4）右腿重复以上动作。

第三节　平衡与稳定训练的注意事项

一、做好拉伸练习准备

进行平衡力与稳定性训练，必须做好基本的热身准备，充分活动各关节，以更快进入正式训练状态，也能预防运动损伤发生。常见的拉伸练习方法如下。

（一）瑞士球腹部拉伸

（1）背部靠在瑞士球上，双脚分开，双臂向上伸直。

（2）双臂向后伸，直到双手碰到地面。

（3）下背部靠在球上的同时，臀部降低，向天花板方向拉伸腹部，保持30秒，然后放松。

重复练习。

（二）坐姿脊柱拉伸

（1）坐于垫子上，右腿伸直，左腿屈膝交叉于右腿上，左手置于地面上用于支撑，右手垂下放在左腿上。

（2）上体向左侧旋转，保持30秒，重复练习。

两侧交替练习。

（三）内收肌拉伸

（1）站姿，双脚分开。

（2）右腿屈膝，身体重心降低，双手置于大腿外侧，左大腿内侧感到深度拉伸,保持 30 秒,重复练习。

两腿交替练习。

（四）梨状肌拉伸

（1）仰卧,左腿屈膝,右脚踝交叉于左膝上。

（2）双手抓住左侧大腿后方靠近膝盖的位置,缓慢向右肩方向拉。保持 30 秒,放松,重复练习。

两侧交替练习。

（五）眼镜蛇拉伸

（1）俯身,手掌平放在地面,双臂屈肘,肘部向内收。

（2）上半身撑起,直到双臂伸直。

重复 3 次,每次用时 15 秒。

二、按照逻辑顺序训练

制订平衡与稳定性训练计划时,要按照螺旋形的逻辑顺序依次训练,如先训练腿部力量,再训练髋部力量,然后是上腹部的伸展能力、弯曲能力以及旋转能力,最后训练上肢力量。熟悉各个部位的训练后,进行循环组合练习,以促进各部位肌群的平衡发展。

三、合理训练,预防损伤

为了提高平衡能力和稳定性,在平衡和稳定性训练中必须注意训练的科学性与合理性,要根据专项特点、运动员实际情况和比赛周期灵活合理地安排训练,选择适宜的训练方法,经过训练既要能够有效提升身体平衡能力和稳定性,为取得好的运动成绩奠定身体基础,又能预防损伤,保障安全。

第四节　案例分析

一、武术运动中的人体平衡与稳定

（一）武术运动中人体平衡与稳定的影响因素

武术运动中影响人体平衡与稳定的因素主要有以下几种。

1. 人体姿势

在体育运动中,如果出现了翻倒的征兆,人的身体姿势一般都会发生变化,要避免翻倒,必须快速恢复身体平衡,这就需要对身体姿势做出调整。调整身体姿势以重新获得平衡的过程是由一系列动作构成的反射过程,这个过程一般是下意识形成的。例如,在武术推手动作中,即将失去平衡时,手臂会加速向前摆动,使重心后移,重新获得平衡,这个恢复平衡的补偿性动作是无意识形成的。如果失去平衡后不能通过补偿性动作恢复平衡,就要对支撑面做出调整,这对运动员的体能和运动水平提出了较高的要求。

2. 生理因素

人体重心会受到循环系统、呼吸系统功能的影响。肌肉收缩时肌纤维并不是完全按照顺序进入和退出工作,所以不能持久保持人体肌肉张力的稳定。而且肌肉收缩会造成能量的消耗。身体维持较长时间的平衡后,难免会疲劳,力量和关节稳定性受到影响,身体姿势变形,影响平衡。

3. 解剖学因素

某些肌肉力量较弱,在受到一定负荷刺激后很难维持平衡,有效支撑面较小,人体平衡很容易被破坏。

4. 神经系统

人体肌肉内力因为视觉和本体感觉的误差而受到影响,支撑面的压力分布也因此发生改变,这就可能使人体平衡受到破坏。这是人体平衡与稳定的重要影响因素。因此,在武术平衡与稳定训练中,要注意不断调整本体感觉,提高视觉与本体感觉的适应性。

5.心理学因素

运动员机体收缩肌群的协调工作能力在心理紧张状态下容易受到影响,这是武术运动中人体失去平衡的常见原因之一。因此在武术平衡与稳定训练中也要注意心理训练,克服不良心理。

(二)武术运动中人体平衡与稳定的破坏与恢复方法

1.人体平衡的破坏

在武术运动中,尤其是搏击类的对抗性武术运动中,运动员不仅要努力维持自己的身体平衡,还要想方设法对对手的平衡性造成干扰。从力学视角而言,双方试图破坏对方的稳定性实际上是沿某一方向进行稳定度的较量。只要一方在某一方向的稳定度大于对方,而且有足够大的作用力,对方的平衡就容易被破坏。要打破对方的平衡,就要清楚对手在哪个方向上最不易保持稳定和平衡,一般来说是对手的重心投影点到最近的边缘支撑点的方向,这是平衡稳定性的一般规律。找到这个方向后,试图沿这个方向对对手进行推、拉,使对手失去平衡。武术中的"顺手牵羊"很好地诠释了这个平衡稳定性规律。[①]

在试图使对手平衡遭到破坏的同时,还要对自己的支撑面及最易被破坏平衡的方向进行调整,使自己在这个方向上保持稳定的平衡,保护好自己,避免被对手打破平衡。因此在武术运动中,既要保护好自己,调整自己的身体平衡性,又要伺机观察,破坏对方的平衡。

2.人体平衡的恢复

要恢复身体平衡,就要将补偿动作、缓冲动作和恢复动作充分利用起来,同时还要有良好的平衡控制力和恢复力。

(1)补偿动作

如果运动员因为自身的原因而将要失去平衡时,或受到干扰而将要失去平衡时,就要采取补偿动作来维持平衡。例如,前拍脚动作中,向上踢左腿时,为避免身体后仰失去平衡而摔倒,需要右手向下对左脚进行

---

① 马文海.武术运动生物力学[M].开封:河南大学出版社,2010.

拍打,拍脚是对踢腿动作的补偿。

（2）缓冲动作

受到扰动力必然会使身体平衡稳定性受到影响,所以需要采用缓冲动作来弱化甚至是抵消这个干扰,缓冲动作和补偿动作的方向相同,而且要和带来扰动力的动作同时完成。

（3）恢复动作

为了使身体重心恢复到保持身体平衡的安全区内,要学会采用恢复动作。一般通过两种方式来完成恢复动作,一是在附加支撑下调整身体重心,保持在安全区内;二是通过移动、晃动对支撑点进行调整。采用恢复动作主要是为了使偏离重心的身体重新回到安全的稳定范围内,它发挥的是校正的作用,但要避免过度校正,否则会造成新的不平衡,需要再次调整。

总体而言,武术运动中,习武者要能够对自己的动作加以控制,灵活与扰动力相抗衡,克服这种干扰力。在武术套路动作的编排中,编排者要对影响人体平衡的所有影响因素如重心、支撑面等予以考虑,尽可能使定势动作、静止动作有很强的稳定性,而且不对动作规格与难度造成影响。

二、武术套路的平衡与稳定性练习方法

平衡是武术套路的基本技法和基本功之一。下面就以武术套路为例阐述平衡与稳定性习练的方法。

（一）直立平衡练习

1. 前提膝平衡

支撑腿伸直,另一腿于体前屈膝抬起,膝关节靠近胸部,小腿斜垂里扣,脚面绷平内收(图3-7)。

2. 侧提膝平衡

支撑腿伸直,上体正直,另一腿在体侧屈膝抬起,髋关节外展,小腿斜垂内收,脚面绷平或脚尖勾起(图3-8)。

图 3-7　前提膝平衡　　　　图 3-8　侧提膝平衡

3. 前控腿平衡

支撑腿站稳,另一腿于体前伸直高举过肩,脚面绷平或脚尖勾起(图 3-9)。

4. 侧控腿平衡

支撑腿伸直,另一腿于体侧伸直高举过肩,髋关节外展,脚面绷平或脚尖勾起(图 3-10)。

5. 朝天蹬

支撑腿伸直,另一腿用手经体侧上托至与头同高,脚尖勾起,脚掌朝上(图 3-11)。

图 3-9　前控腿平衡　　　图 3-10　侧控腿平衡　　　图 3-11　朝天蹬

（二）屈蹲平衡练习

1. 扣腿平衡

支撑腿屈膝半蹲，另一腿屈膝外展，脚尖勾起或脚面绷平，踝关节紧扣于支撑腿的膝后腘窝处，挺胸塌腰（图3-12）。

2. 盘腿平衡

支撑腿屈膝半蹲，另一腿屈膝外展，小腿收提，脚面绷平或脚尖勾起，踝关节盘放在支撑腿大腿上，挺胸塌腰（图3-13）。

图3-12 扣腿平衡　　　　　　图3-13 盘腿平衡

（三）仰身平衡练习

支撑腿伸直，上体后仰几乎平行地面，另一腿向上伸直，脚面绷平，双臂在体侧平展（图3-14）。

图3-14 仰身平衡

（四）俯身平衡练习

1.探海平衡

支撑腿伸直,上体前俯,挺胸抬头;另一腿后举伸直,高于水平,脚面绷平,异侧手臂向前下方探出;同侧手臂向后上举(图3-15)。

2.燕式平衡

支撑腿伸直,上体前俯,挺胸展腹;另一腿后举伸直接近水平,脚面绷平,双臂在体侧平展(图3-16)。

3.侧身平衡

支撑腿伸直,上体侧身前俯;另一腿在体侧举起,高于水平,脚面绷平或脚尖勾起。双臂分别向前下方和后上方伸展(图3-17)。

图3-15　探海平衡

图3-16　燕式平衡

图3-17　侧身平衡

（五）望月平衡练习

支撑腿伸直，上体前倾拧腰向支撑腿同侧方上翻，挺胸塌腰，转头回视，另一腿在身后向支撑腿的同侧方上举，小腿屈收，脚面绷平，脚底朝上（图 3-18）。

图 3-18　望月平衡

第四章　力量素质训练方法的设计

力量素质是体能的重要组成素质之一,力量素质水平的高低,对人体总的体能素质水平产生重要影响。因此,要想全面提升体能素质水平,训练和提升力量素质至关重要。和其他体能素质一样,力量素质有其自身的显著特点,这就决定了其在训练方法上具有一定的特殊性。需要以此为依据,来针对性地做好力量素质训练方法的设计。本章首先对力量素质的基本理论进行了阐述,接着对力量素质训练方法、训练注意事项以及相关的案例进行了分析,这为力量素质训练提供了理论和实践上的双重科学指导。

第一节　力量素质概述

一、力量素质的概念

力量素质是指在神经系统的支配下,人体或身体某部分通过肌肉收缩克服阻力的能力。这里所说的阻力有外部阻力和内部阻力之分。其中,外部阻力是指物体的重量、支撑反作用力、摩擦力以及空气或水的阻力等。内部阻力包括肌肉的黏滞力、关节的加固力及各肌肉间的对抗力等。通常,力量素质的发展往往会借助于外部阻力的方式和手段。

二、力量素质的类型划分

力量素质可以按照不同的划分标准来进行相应的类型划分。比如,按照力量和体重的关系,有绝对力量和相对力量之分;按照力量的表现,有最大力量、速度力量和力量耐力之分;按照与专项的关系,有一般力量和专项力量之分;等等。这里就对常见的一些力量素质的类型及其特点加以分析。

（一）绝对力量与相对力量

1. 绝对力量

肌肉中或一组协作肌中总的力量潜力，就是绝对力量。绝对力量本身是一种潜在的力量形式，其通常以最大力量的形式表现出来。力量素质训练的一个重要任务就是将力量潜力更大地发挥出来。

2. 相对力量

相对力量是指人体每千克体重表现出最大力量值的能力。它反映运动员的最大力量与体重之间的关系。举重、拳击、摔跤等项目对相对力量有着较高的要求。

（二）最大力量、速度力量与力量耐力

1. 最大力量

人体或身体某部分肌肉克服最大阻力的能力，就是所谓的最大力量。最大力量的表现往往是在比赛中出现的。

最大力量是个变量，对其产生影响的因素有很多，其中，肌肉收缩的内协调能力、骨杠杆的机械效率和关节角度的变化是其中起到重要决定性影响的因素。另外需要强调的是，最大力量是影响爆发力的因素之一。最大力量是其他力量的基础。

2. 速度力量

速度力量，也被称为快速力量，具体是指人体在运动时以最短的时间发挥出肌肉力量的能力。快速力量是力量中最重要的一种形式，与速度、灵敏、协调密切相关。人体肌肉的收缩速度和最大力量水平，是决定速度力量的决定性因素。

增长速度力量时，既有速度要求，又有最大力量的要求，需要由速度和力量两个因素相结合完成。快速力量又可以细分为爆发力、起动力、反应力、制动力等不同的形式。其中，爆发力是神经肌肉系统以最短的时间、最大的加速度，爆发出最大力量来克服一定阻力的能力。爆发力是速度力量性项目提高成绩的关键。反应力则是指肌肉在由离心式拉长到向心式收缩过程中,利用弹性能量在肌纤维的储存再释放,以及神经反射调节所爆发出的力量,也被称为弹性力量或超等长。

3. 力量耐力

力量耐力是指人在克服一定外部阻力时,能坚持尽可能长的时间或重复尽可能多的次数的能力。神经兴奋和抑制过程的强度、灵活性和延续性,以及肌肉供能过程的顺畅性,都会对力量耐力产生决定性的影响。

力量耐力通常有动力性力量耐力和静力性力量耐力两种进一步的类型划分。动力性力量耐力又可分为最大力量耐力和快速力量耐力。其中摔跤属于静力性力量耐力的范畴。

总的来说,力量的分类随着运动实践和训练科学的发展在不断细化、深入(表4-1)。不同的运动项目所决定和需要的力量素质的类型是各不相同的,通常是其中的几种,因此,这就要求要通过专门的训练全面提升力量素质水平。

表 4-1　力量分类的细化 [①]

传统分类	细化分类		重要力量概念
	大类	亚类	
最大力量	最大力量	神经机头支配能力	基础力量
相对力量		肌肉横断面	
快速力量	快速力量	起动快速力量(30毫秒)	反应力量
爆发力量		结束快速力量	
力量耐力	力量耐力	有氧力量耐力	核心力量
		次最大力量耐力	
		最大力量耐力	
专项力量	反应力量	短程式反应力量(踏跳<170毫秒)	专项力量
		长程式反应力量(踏跳>170毫秒)	

① 赵琦.体能训练理论与方法[M].南京:东南大学出版社,2017.

三、力量素质的价值

对于人体运动来说,力量素质所产生的影响是非常显著的,作为人体运动的基本素质,力量素质在其他方面也有一些重要价值,主要表现在以下几点。

（一）是一切体育活动进行的重要基础

不管是什么样的体育活动,其要开展,都要有一定的基础条件,即以不同的负荷强度、收缩速度和持续时间进行工作而带动被动运动器官骨骼的移动来完成。如果没有肌肉的收缩和舒张产生的牵拉力量,任何体育活动的开展都无法实现,就算是最为简单的行走和直立也做不到。因此可以说,力量素质是每个人跑、跳、投、攀登及爬越等各种体育运动和体力劳动必备的基础条件。力量素质是人体最基本的身体素质,是进行一切体育运动和体力劳动的基础。

（二）对其他运动素质的发展产生直接影响

不管是力量素质还是速度、耐力、柔韧等其他身体素质,无一不是通过一定的肌肉工作方式来实现的,而肌肉的力量是人体一切活动的基础。也可以将其理解为,力量素质对速度素质的提高、耐力素质的增长、柔韧素质的发挥和灵敏素质的表现等起到重要的决定性影响。其中,快速力量与速度能力密切相关,最大力量会对爆发力水平产生直接影响,力量耐力对有氧耐力也有重要的价值。

（三）对技术动作掌握和专项能力提高有决定性影响

运动员力量素质的增长,往往能够通过运动技术掌握的快慢及运动成绩提高的程度反映出来。绝大部分运动项目的运动成绩都与力量素质的发挥密切相关。

运动员自身往往都有其各自的技术特点,一般来说,水平越高,个人技术特点越突出。这种突出的技术风格是在个人体能特点基础上建立起来的,特别与力量素质有着密切的关系。由此可见,力量素质水平的高低与特点,对于运动项目技术的层次与风格起到决定性的影响,同时,也会对专项能力和运动成绩产生直接影响。

（四）是衡量训练水平和人才选拔的重要指标和依据

力量素质在运动训练实践过程中,往往作为一个重要指标来判断运动训练水平、评定参加何种等级比赛,作为判断某些专项运动潜力的一种手段,也是一些体能性运动项目选材的依据。这就要求一定要高度重视力量素质的发展,尤其是速度力量素质,因为在进行体育运动后备人才的选拔和培养方面往往将其作为重要的参照指标。

（五）是运动技能完成的原动力

当前,人们对改善神经—肌肉系统的功能,增强肌肉收缩时产生的力量是提高运动成绩最直接和有效的途径,已经有了较为充分的认识和理解。因此,对于绝大部分的竞技体育项目来说,无论是以力量为依托的体能类项目,还是以技术和灵巧为主的非体能类项目,以及以技战术配合为特点的集体项目,都在对力量训练的重视程度上有了进一步的提升。

四、力量素质的影响因素

对力量素质产生影响的因素有很多,可以对这些因素进行分析和划分,具体涉及以下几个方面。

（一）客观因素

对力量素质产生影响的客观因素,主要是指那些与人体生长发育有关的因素,比如性别、年龄、体型等。

1. 性别

按照一般的生长规律,由于肌肉大小的差异性,决定了女性的力量是要小于男性的力量的。研究证明,女性的力量平均约是男性的2/3。

2. 年龄

力量素质的发展所表现出的年龄特征较为显著,其决定性因素是肌肉发育与年龄。一般的,在 10 岁以前,不管是男生还是女生,随着人体的生长发育,力量都是呈现出缓慢而平稳的增长的,而且两者区别不大。从 11 岁起,力量素质的性别差异越来越显著,男孩增长速度要快于女孩;青春期过后,力量仍在增长但其增长速率很低,女性 20 岁左右、男性 25 岁左右达到最大力量。总的来看,力量素质在增长方面所呈现出的特点为:快速力量先于最大力量,最大力量先于相对力量,长度肌肉力增长先于横度肌肉力,躯干肌肉力增长先于四肢肌肉力。

3. 体型

实践证明,运动训练和人的体型之间有着非常密切的联系,两者相互影响。同样的,体型与力量素质大小之间也有着密切的关系。一般的,体格健壮、粗壮型的人由于肌肉较发达,因此力量也较大;体型细长的人力量比较差。除此之外,脂肪厚度也会对力量素质产生影响,因此,一定要将其作为选材时重点考量的事项。

4. 睾丸酮激素

研究证明,睾丸酮激素水平的高低与力量的大小也有一定的相关性。通常,睾丸酮激素水平高的人,力量素质也比较大。

(二)生理学因素

对力量素质产生影响的生理学方面的因素有以下几项。

1. 肌纤维类型及比例

肌肉由不同的肌纤维类型组成,其中,主要的有快肌和慢肌两种类型。慢肌纤维收缩速度慢、力量小、不易疲劳;快肌纤维收缩速度快、力量大、易疲劳,原因是两种肌肉的酶及其活性不同,快肌中的 ATP-CP 酶的活性是慢肌纤维的三倍。

肌肉力量的大小取决于不同类型肌纤维在肌肉中所占的比值。肌纤维类型通常分为白肌纤维和红肌纤维。肌纤维类型及比例构成了人体肌肉系统能力的基础。人体肌肉中,红、白肌纤维的比例受遗传因素的影响。通常情况下,在一定负荷强度下用较慢的速度完成动作,红肌纤维起主导作用;如快速完成动作,其主导作用的则是白肌纤维。

力量素质的表现,主要取决于肌肉中白肌纤维数量的多少。如果白肌纤维比例高,那么肌肉收缩力就大。同时肌纤维类型和在肌肉中的比例也是不同运动项目选材的重要指标之一。

2. 神经支配调节

大脑皮质能够将植物性神经系统和内分泌系统充分动员起来,从而有效协调肌肉,使其在运动训练中发挥更大的功率,换言之,就是神经兴奋和抑制过程强度愈大愈集中,肌肉力量发挥愈大。这也从一定程度上反映出了中枢神经系统的机能状态对肌肉力量的直接影响。

中枢神经系统的机能状态可以直接影响肌肉的力量,并对力量素质的发展和发挥起着极为重要的作用。改善神经支配调节,能使参与收缩的运动单位(肌纤维)有所增加,主动肌与协同肌、对抗肌的协调关系有所改善,神经活动的强度和灵活性有所增强,由此,力量素质便能得到显著提升。因此,在完成某一技术动作时,若中枢神经系统传出的神经冲动频率高、强度大,则肌肉所产生的力量也就越大。

3. 肌肉生理横断面

肌肉的绝对肌力取决于该肌肉的生理横断面积。肌肉的生理横断面为该肌肉所有肌纤维横截面的总和。横断面大,则肌肉力量就大。肌肉训练导致的肌纤维增粗,这主要包括肌纤凝蛋白质含量的增加、肌毛细血管增多、肌肉结缔组织增厚、肌糖原增加等,这对于肌肉力量的增大是有所助益的。

4. 肌肉的牵拉角度和收缩形式

进行运动时,犹如杠杆运动。在整个活动中,随着肌肉收缩牵拉骨骼,肌肉在不同位置的不同角度上牵拉,其力量大小是不一样的。肌肉被牵拉的角度不同与完成技术动作用力正确与否关系较为密切。

另外,不同的运动项目的用力特点是不同的,因此,这就决定了其所需要的力量素质也是特性不同的。肌肉收缩也会对力量大小产生重要硬性。通常,肌肉收缩的形式主要有动力性向心克制性收缩、动力性离心退让性收缩、静力性等长收缩、等动性收缩这几种。[①]

5. 钾钠代谢

钾钠离子在人体内有着非常重要的意义,其作用主要表现为:参与物质代谢、维持正常渗透压、调节酸碱平衡等生理作用;积极参与神经

---

① 杨海平,廖理连,张军.实用体能训练指南[M].广州:广东高等教育出版社,2013.

兴奋的传导过程,对肌肉收缩起重要作用。钾离子的特殊作用还体现在其能够使肌肉收缩;钠的作用则主要是放松肌肉。合理地摄取钾钠是力量素质训练与发展的新课题。

6.营养系统的供能能力

对于力量素质的发展来说,最为重要的当属无氧非乳酸性供能。因为,力量增长在较短时间内以较快的速度完成技术动作,效果最佳。除此之外,在进行力量素质训练时,动员白肌纤维参加工作也是需要考虑的至关重要的一个方面。

(三)运动生物力学因素

力量素质训练的生理力学方面的因素主要是指骨杠杆的机械效率。人体运动的各种动作是以肌肉收缩为动力,以骨骼为杠杆,以关节为支点的杠杆运动,力、方向、支点、作用点都会对用力效果产生影响,这与运动技术之间有着非常密切的联系。

(四)心理学因素

在运动过程中,往往会因为不愉快的运动经历,对运动损伤的恐惧、成功信心的缺乏等这些心理障碍,从而造成神经过程处于抑制状态,以致不能将最大肌肉力量充分发挥出来。因此,有目的、有意识地培养自我情绪的调节能力、注意力集中能力以及临危不乱的顽强意志品质等,是发展力量素质极为重要的心理条件。如果所面对的是大负荷和激烈的对抗,为了将机体的极限力量充分激发出来,首先需要进行心理动员,激发神经活性,提高兴奋性。通过"意识集中""自我暗示",提高神经系统的易化作用,使机体各系统同步进入工作状态,解除抑制,才能使肌肉发挥出极限力量。

(五)运动训练学因素

运动训练中涉及的相关因素比较多,比如主要的负荷强度、动作速度、动作幅度、练习的组数、每组练习重复的次数、每组练习的间歇时间等,这些训练因素都会在较大程度上影响到力量素质的大小和特性。

一般的,通过训练,能够使肌肉力量水平得到有效提升,停止训练,则会致使已经练出来的肌肉力量会消退，一些与力量增长相关的机能特性也会下降。因此，一定要保证长期性、系统性的科学运动训练。

第二节　力量素质训练方法

一、力量素质的基本训练方法

（一）力量素质的基本训练方法

1. 负重抗阻力训练

这种训练方法能够对机体任何部位的肌肉群产生影响作用。具体来说，就是主要依靠负荷重量和练习的重复次数刺激机体来发展力量素质。

负重抗阻力的训练方式多种多样，负荷的重量及练习的重复次数可随时调整。

2. 对抗性训练

这种训练方法的双方力量相当，依靠对方不同肌肉群的相互对抗，以短暂的静力性等长收缩来发展力量素质。对抗性训练通常是不需要任何器械或设备的，在兴趣激发方面效果显著。

3. 克服弹性物体阻力训练

这种训练方法是依靠弹簧拉力器，拉橡皮带等弹性物体变形而产生阻力来发展力量素质的。

4. 利用外部环境阻力训练

这种训练方法是在沙地、深雪地、草地、水中的跑、跳等利用自身所给的阻力或自身体重来发展力量素质的。这种训练方法要求轻快用力，所用的力量往往在动作结束时较大。

5. 克服自身体重训练

这种训练方法主要是由人体四肢的远端支撑完成的练习，迫使机体的局部来承受体重，使该部位的力量得到发展。比较常见的有引体向上,倒立推进、纵跳等。

6.利用特制的力量练习器训练

这种训练方法就是借助于特制的练习器来使练习者的身体处在各种不同的姿势进行训练,不仅能使所需要的肌群力量得到发展,还可以减轻心理负担,避免伤害事故的发生。

(二)力量素质基本训练方法的特征

能够用于力量素质发展的基本训练方法有很多,不同训练方法具有不同的特征,具体如下。

1.动力性克制收缩训练方法的特征

这种训练方法主要是指肌肉从拉长的状态中缩短,以克服阻力而完成动作。肌肉在收缩时起止点相互接近,因此,动力性克制收缩训练方法实际上也是肌肉的向心性工作。

特征:动作速度快,功率大,能使肌肉力量、速度和力量耐力都得到有效提升。

2.动力性退让收缩训练方法的特征

这种训练方法是使肌肉产生离心收缩的力量训练。肌肉的退让性工作能够产生即时效应,除此之外,也能产生积蓄效应,然后再以机械能的形式瞬间释放。

特征:对神经肌肉系统产生超量负荷,能使肌肉力量得到显著增长。

3.等动训练法的特征

借助于专门的等动训练器,在动力状态下人体肌肉的抗阻力程度始终恒定,且动作匀速的训练方法,就是等动训练法。

特征:人体接受外部负荷刺激所产生的生理反应强度在人体动作的变化过程中始终保持恒定,并使关节各个角度的肌肉用力表现出最大用力或恒定用力。

4.超等长收缩力量训练法的特征

利用肌肉的弹性、收缩性及牵张反射性来提高力量素质的训练方法,就是超等长收缩力量训练法。也可以将其理解为是肌肉先被迫迅速进行离心收缩,紧接着瞬间转为向心收缩的训练。这种训练方法通常有三种具体形式,即各种快速跳跃训练、不同高度和形式的跳深训练以及利用专门训练器械进行的超等长训练。

特征:利用神经肌肉的牵张反射性,引起神经系统反射性产生更强烈的兴奋冲动,从而动员更多的运动单位参加收缩,产生更大的肌肉收缩力,进而使力量素质得到显著提升。

5. 静力性训练法的特征

人体采用相对静止的动作,利用肌肉长度不变,而主要改变张力的变化特点来发展力量素质的训练方法,就是静力性训练法。其功能主要表现为,更有效地提高肌肉的张力与神经系统的机能水平。

特征:物理上表现的功为零,但生物体却依然存在做功的功能。

6. 组合训练法的特征

将动力性克制收缩训练、退让性收缩训练和静力性训练等方法进行不同的组合,有效地提高力量耐力和快速力量的训练方法,就是组合训练法。

特征:各种肌肉收缩方式混合训练,使机体对刺激的适应难度增加,刺激的作用提升,从而使力量素质提高的速度进一步加快。

7. 电刺激训练法的特征

这是现代发展力量素质的训练方法。这一方法与想象训练相结合,可作为比赛期和比赛前的力量强化手段和兴奋刺激手段。电刺激训练法增长力量素质非常快,但一旦停止训练,用电刺激获得的力量也会很快消退。

特征:训练部位准确,可根据训练目的,随意选择和确定练习部位;肌肉收缩的强度和时间可以人为地控制;可最大限度地动员运动单位参与收缩,可在短期内迅速提高肌肉力量;可加大训练量,缓解大运动量与疲劳恢复的矛盾,可保证受伤期工作肌群的正常训练。

二、最大力量训练方法

最大力量与专项力量并不是等同的关系,但是,同专项力量与竞技能力和专项成绩的高低密切相关(图 4-1)。

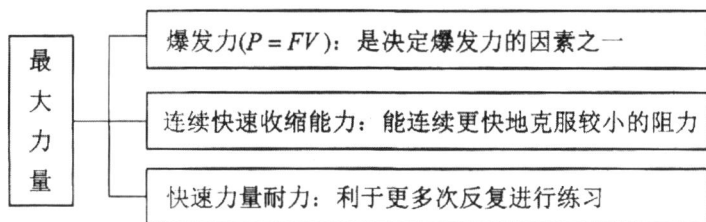

图 4-1　最大力量与其他力量的关系

让所有的或绝大多数的运动单位(包括慢肌)都参与运动,选择大负荷、刺激更多几乎全部肌纤维参加工作才能有效提高最大力量,是最大力量素质训练的主要特点。研究发现,不同强度负荷方式,所取得的力量素质训练效果也是有差别的(表4-2)。

表 4-2　不同强度负荷方式的力量训练效果

序号	负重及收缩方式	原因及效果
1	轻负重,次数少,爆发式用力	可以募集几乎所有的运动单位收缩,训练神经对肌肉的支配能力,使肌肉快速收缩能力优先发展
2	轻负重,次数多,速度慢	慢肌单位主要参与,肌肉能量供应系统活动加强,促进肌肉收缩耐力优先发展
3	大强度,高于90%,次数少	调动几乎所有的运动单位参与运动,刺激神经对肌肉的支配能力优先发展,是发展最大力量的主要方式
4	次最大强度,负重区间为80%~90%,重复次数较多	调动较多的肌纤维参加收缩,反复刺激,使肌纤维体积、肌肉横断面优先发展,增加人体瘦体重主要使用这种方法,健美运动员也常用此方式

(一)最大力量的基本训练方法

能够有效训练和发展最大力量素质的基本方法有很多种,其中,较为主要的有以下这些,且每一种训练方法都有其各自的特点。

1.静力性训练法

静力性训练法,通常采用较大负荷量,递增重量。最大力量素质的发展很大程度上受到总负荷的影响,而总负荷又会受到负荷重量、练习重复组数、每组持续时间及各组间的间歇时间等因素的影响。

一般的,最大力量素质的训练与提高,对负荷的要求为:采用本人最大负荷量的70%进行训练。组数控制在4组。每组持续时间为12秒,每组间歇时间 3 分钟左右。

工作时处于无氧条件下,能量储备迅速消耗,从而迅速出现疲劳,这是静力性训练方法的主要特点。通过静力性训练法的应用,能够有效克服某些肌肉在力量发展中的不足,使之迅速地、优质地提高收缩力量。

2. 重复训练法

要随着肌肉力量的增加而逐渐增加负荷量,这是重复训练法的显著特点。当训练者能重复更多次数时,就说明力量素质有了一定的提高,这时候就需要进一步增加负荷。

重复训练法对于训练的各个时期和阶段都是适用的,通过这种训练方法的应用,能够加强新陈代谢,激活营养过程,有助于改进协调性,加强支撑运动能力,能迅速而有效地提高肌肉力量。

负荷要求:负荷强度通常为本人最大负荷量的 75% ~ 90%,训练组数为 6 ~ 8 组,每组重复 3 ~ 6 次,每组间歇时间为 3 分钟。

3. 强度训练法

强度训练法也被称为短促极限用力训练法,用极大或接近最大的负荷进行训练,训练时要遵循循序渐进的原则来逐渐达到用力极限,以后继续用对体力来说是最强的、中上强度的负荷量,直到对这种刺激产生劣性的反应为止,这是强度训练法的主要特点。

这种训练方法的应用,能够有效保证神经系统和肌肉作用力的高度集中,使肌肉最大力量得到明显提高。

负荷要求:采用负荷强度为本人负荷量的 85% ~ 100%,训练组数为 6 ~ 10 组,每组训练 1 ~ 3 次,每组间歇时间在 3 分钟左右。

4. 极限强度的方法

强度突出,几乎每周、每天、每项都要求达到、接近甚至超过本人当天最高水平,是本训练方法的主要特点。在计划规定的时间内要求组数越多越好,组与组之间的间歇以训练者恢复为准。

从一个阶梯上升到一个新的阶梯时,一定要注意适当增加重量,要掌握好尺度,同时,也要对训练者的适应能力、体质、技术等因素进行充分考虑,经过不断的试验,将每个训练者增加的分量和适应期的长短逐渐明确下来。如果在一个新的阶梯上,训练者不能承受新的负荷,则应回到原来的阶梯上训练 2 ~ 3 天再增加。

负荷要求：采用本人最大负荷的 90%，进行 3 组，每组做 3 次，每组间歇 3 分钟；适应后，增至本人最大负荷的 95%，进行 2 组，每组做 3 次，每组间歇 3 分钟；适应后，增至本人最大负荷的 97.5%，进行 2 组，每组做 2 次，每组间歇 3 分钟；适应后，再增至本人最大负荷的 100%，进行 2 组，每组做 2 次，每组间歇 3 分钟。

5. 极端用力的方法

采用一定的负荷量进行训练，次数重复至极限数量，直到完全不能做为止，是该训练方法的主要特点。

负荷要求：通常会采用 50% ~ 75% 的负荷强度，训练组数为 3 ~ 5 组，每组训练 10 ~ 12 次，组间间歇时间为 3 ~ 5 分钟。

6. 电刺激法

相较于其他训练方法，电刺激法有其自身的显著优点。主要表现为：第一，能使肌肉最大限度地活跃起来；第二，引起肌肉紧张所维持的时间要比普通方法长；第三，消耗能量较少；第四，对肌肉训练的针对性强。同时，其也存在着一定的缺点，主要表现为：不利于人体协调能力，而且如果训练量控制不当，会导致肌肉负担过重。

电刺激法有直接刺激法和间接刺激法之分。在训练最大力量素质的具体应用时，要根据运动项目的特点，来针对性地选择、设计适当的电刺激方法。除此之外，电刺激法对于受伤的训练者来说也是适用的，能够起到保持其肌肉机能的显著作用。

（二）最大力量的具体训练方法

（1）金字塔负荷模型（图 4-2）：训练负荷依次为 85% ×6—90% ×（3 ~ 4）—95% ×（2 ~ 3）—100% ×1。训练次数和组数可以实际需要和个人情况进行适当调整。

（2）双金字塔负荷模型（图 4-3）：训练负荷依次为 80% ×4—85% ×3—90% ×2—95% ×1—95% × 1 —90% ×2—85% ×3—80% ×4。训练次数和组数可以实际需要和个人情况进行适当调整。

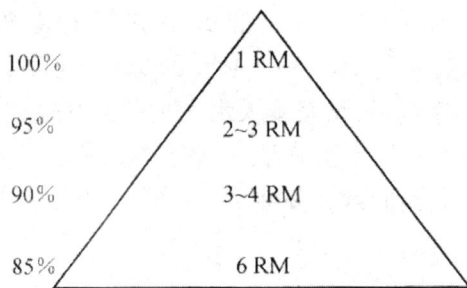

图 4-2　金字塔负荷模型

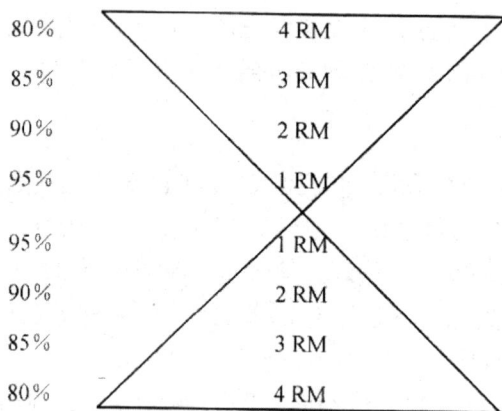

图 4-3　双金字塔负荷模型

（3）深蹲、卧推：负荷 110% ~ 150%，加助力推起，加保护缓慢放下。

（4）仰卧直臂下压：仰卧凳上，两手持哑铃（保证重量适宜），快速直臂下压（头上），慢速直臂上摆。

三、速度力量训练方法

快速力量的发展，主要取决于肌肉收缩的速度，而要想提高肌肉收缩的速度，则需要发展肌肉用力的能力，这是重要的基础条件。通常，速度力量在体育运动中主要表现为起动力、爆发力、反应力等几种类型。这几种类型的训练方法也各不相同。

（一）起动力训练方法

起动力，就是在最短时间内最快地发挥下肢力量。最大力量水平是起动力的基本因素。一般来说,力量型运动员的起动速度通常都是非常出色的。

发展起动力训练的负荷要求:采用30% ~ 50%的负荷强度,训练组数为3 ~ 6组,每组训练次数为5 ~ 10次,每组间歇时间为1 ~ 3分钟。

发展起动力的具体训练方法有以下几点。

(1)利用地形做各种短跑训练,如沙地跑、上下坡跑、跑阶梯等。

(2)利用器械、仪器做各种跑的训练,如穿加重背心的起跑加速、加速跑突然改变方向跑、计时短跑、系铅腰带的加速跑,负轻杠铃短跑等。

(4)利用同伴的各种助力做加速跑训练。如牵引跑、各种准备姿势的听信号起动跑等。

(二)爆发力训练方法

爆发力,就是以最短的时间、最大的加速度克服一定阻力的能力。提高最大力量能够有效提升爆发力的水平。因此,任何发展最大力量的方法对于发展爆发力也是适用的。

爆发力的训练负荷范围比较宽,在30% ~ 100%强度之间,也说明爆发力的提高是复杂的、困难的,关键是需要极限速度用力。常见的能有效发展爆发力的训练方法有以下几种。

1. 组合训练

单一的负重练习对爆发力的提高是有限的。这就需要进行组合训练。在力量素质训练的实践中,安排组合训练可以促进最大力量向爆发力的转化。

组合训练常见的具体训练方法有以下几种,可以借鉴。

(1)杠铃半蹲起 + 徒手半蹲跳:蹲跳时可以借助上拉动作减轻阻力,能起到增强爆发力训练效果的作用。

(2)杠铃提踵 + 徒手直膝跳:对于踝关节爆发力的提升有效。

(3)卧推 + 推实心球:对于上肢爆发力的提升非常有效。

(4)力量 + 超等长 + 协调性 + 投掷:力量训练—超等长的弹性力量训练—简单的协调性训练—专项投掷训练。

2. 反应力量训练

反应力也被称为弹性力量、超等长和快速伸缩复合,是公认的效果突出的爆发力训练手段。但是要注意的是,在应用这一训练方法时,一定要保证训练负荷安排的科学性和合理性,从而保证训练效果。

反应力训练常用的具体方法有以下几种,可以借鉴。

(1)连续跳栏架或跳箱训练:首先,要保证适当的距离和高度,并且能够快速连贯地起跳。前后左右方向是可以进行适当变化的,高低搭配,为了提升训练效果可以采用单腿训练或适当负重等形式来增加训练难度。

(2)俯卧撑击掌:训练时迅速推起在胸前完成 1 ~ 2 次击掌。其可用于上肢反应力的发展。

(3)推、抛实心球或能量球:仰卧上推(在同伴帮助下)或者两人对推都可以。训练时要注意重量适宜,动作衔接迅速。

3. 弹震式训练

弹震式训练是有效发展爆发力的训练方法,其主要是指在动作过程中全部肌肉一直处于高强度的工作状态,使动作全程处于加速状态,并将重物推(抛)出。

研究发现,由于弹震式训练由抗阻 + 反应力训练两种方式组成,综合了两者的优点,而且重量可以调整,动作连贯,因此,其整体效果是要好于两种方式各自独立训练方法的。

弹震式训练的具体方法有以下几种,可以适当借鉴。

(1)壶铃跳:两脚适当分开,双手持壶铃,下蹲紧接跳起,连续动作。

(2)负重单足跳越标志物:负沙袋连续单足跳,跨越标志物 6 ~ 8 个,距离适宜,高度 30 ~ 50 厘米。

(3)使用末端释放器进行练习,单、双侧都可以进行训练。

4. 功率训练

功率训练有时也叫功效训练。功率能够将肌肉收缩速度与动作速度之间的关系反映出来。具体要根据项目和训练者的实际情况来选择适宜的负荷强度和练习次数,从而保证理想的训练效果。

功率训练时,要注意动作的连贯和连续性,次数和组数以不产生较明显的速度下降为宜,不能贪多。功率训练的优点在于,其兼顾了力量和速度两者的关系,能够使神经对肌肉控制能力的提升起到促进作用,而且是非极限强度,安全性提高。

（三）反应力训练方法

反应力的形式主要有两种，一种是以跳跃为主的弹跳反应力，一种是以击打、鞭打、踢踹为主的击打反应力。两种形式都有其各自的训练方法。

1. 发展弹跳反应力的训练方法

（1）跳深：下落高度 70 ～ 110 厘米。一周可安排 2 次训练，每次 4 组，每组 8 ～ 12 次，每组间歇 2 分钟。切忌在疲劳时做此训练。

（2）各种跳跃训练。结合短跳训练提高反应力的效果较为理想。

2. 发展击打反应力的训练方法

（1）发展对抗肌的退让性训练。用超过本人最大负荷量的 10% ～ 50% 进行卧推训练；用与卧推相同的负荷强度和方法进行深蹲训练。

（2）发展对抗肌和击打速度的模仿性训练。通过滑轮拉力器、橡皮筋、小哑铃、石块、短棒等的利用进行模仿击打、鞭打、投、踢和踹等动作的训练。

四、力量耐力训练方法

力量耐力是既有力量又有耐力的综合性素质。可以将其理解为：在静力性或动力性工作中长时间保持肌肉紧张而又不降低工作效果的运动能力。

对力量耐力水平起到决定性影响的因素有很多，比如，保证工作肌耗氧和供氧的血液循环和呼吸系统的机能能力、无氧代谢的机能能力和工作肌有效地利用氧的能力，以及运动员克服自身疲劳的意志品质。这些都是在训练过程中要充分考虑的重要方面。

力量耐力的类型有很多种，具体会根据划分标准的不同而有所差别。比如常见的有动力性力量耐力和静力性力量耐力。

（一）力量耐力的基本训练方法

1. 持续间歇训练法

持续间歇训练法负荷重量较小，每次应竭尽全力去达到极限，使肌肉长时间持续收缩工作到最大限度,这是其显著特点。要想起到有效增长力量耐力的效果,需要逐渐重复次数,当重复次数超过该项目特点的需要时,就需要使负荷重量有所增加了。具体要根据运动项目的特点来确定具体的负荷重量和次数及其增加的幅度。

运用持续间歇训练法来发展力量耐力时,可以通过以下两种形式来进行。

第一种形式的负荷要求:采用40% ~ 60%的负荷强度,训练组数为3 ~ 5组,每组重复训练10 ~ 20次,组间间歇时间为30 ~ 90秒。

第二种形式的负荷要求:采用25% ~ 40%的负荷强度,训练组数为4 ~ 6组,每组重复训练30次以上,组间间歇时间为30 ~ 60秒。

2. 等动训练法

等动训练法是利用等动练习器进行力量素质训练的方法。等动训练法,主要是指将等动练习器固定在墙壁上、地板上或天花板上,根据各自的专项特点,结合专项动作的方向和幅度,采用不同的负荷进行训练。

等动训练有慢速等动训练和快速等动训练两种形式。其中,前者只增加做慢动作的力量耐力,后者则能使快速和慢速动作力量耐力都得到提高。由此可见,快速等动训练提高的力量耐力的效果要更好一些。

等动训练的负荷要求:训练次数为每周2 ~ 4次,每种训练2 ~ 4组。在负荷较大的情况下,每组训练次数为8 ~ 15次;在负荷较小的情况下,每组训练次数要在15次以上。

3. 循环训练法

循环训练法,就是指以训练的具体任务为依据,建立若干练习站或点,运动员按照规定的顺序、路线、时间依次完成各站规定的练习内容和次数,周而复始地进行训练的方法。

通过循环训练法,能轮流锻炼各个肌群,两臂、双肩、两腿、腹部、背部等部位肌群的力量耐力都能够依次得到有效训练和提升。

(二)力量耐力的具体训练方法

(1)高强度极端用力法:采用 >75%强度,训练组数为3 ~ 5组,每组训练8 ~ 12次,间歇时间为2 ~ 3分钟。

（2）低强度极端用力法：采用30%～50%强度,训练组数为2～3组,每组训练次数要在12次以上,间歇时间控制在1～2分钟。

（3）循环训练法：以站点的方式,按先后顺序进行上肢、腰背、下肢等不同部位练习,安排内容应以8～10个站为宜,也可以减少站点,训练2～3组(图4-4)。

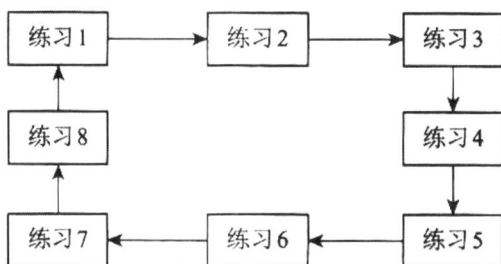

图4-4 力量耐力的循环训练法

第三节 力量素质训练的注意事项

一、保证力量素质训练的科学性

(一)力量素质要全面而又有重点地训练

在力量素质训练的过程中,不仅要有效锻炼四肢、腰、腹、背、臀等部位的大肌肉群和主要肌肉群,同时也要注意那些薄弱的小肌肉群的力量素质的训练和发展。究其原因,主要是由于体育运动中的动作是很复杂的,需要的力量素质是综合的,涉及身体各个部位及其大小不同的肌肉群,但是要注意的是,发展不同类型的力量素质,并不是要求平均发展,应该在全面发展的基础上而有所侧重。

(二)力量素质训练的顺序安排要合理

力量素质训练的顺序也非常重要,关系到最终的训练结果,因此,进行力量素质训练顺序的合理安排是非常有必要的。

通常,所安排的训练顺序为：小负荷—大负荷—小负荷、大肌肉训练—小肌肉训练、较慢速度的训练—快速训练、改变肌肉结构的训练—改善肌肉内协调能力的训练、核心力量训练——般性力量训练—专门性力量训练、力量性训练—速度性训练等。除此之外,还需要注意的是,不同性质的训练并非决然分开,而是应有所侧重,打好基础,使训练效果可持续,形成叠加、整合的效果,从而保证训练效果的最佳化。

（三）力量素质训练要具有系统性和连续性

研究发现,力量素质具有增长快消退也快、增长慢消退也慢的特点,消退的速度是增长速度的1/3,这与"用进废退"的原理是相符的。因此,这就要求力量素质训练应全年系统安排,不能无故中断,要系统、长期地坚持力量训练,不要突击式地强化力量训练。

（四）力量素质训练要平衡且协调

在力量素质训练过程中,一定要将"力量区"与"非力量区"、大肌肉与小肌肉、主动肌与协同肌及拮抗肌、近端肌肉与远端肌肉、力侧与弱侧、核心力量与四肢力量、前群肌与后群肌等之间的关系处理好。最大限度地做到全面协调发展,有序推进,从而使短板效应及错误的代偿性动作得到尽可能避免,保证安全性。

二、力量素质训练要充分

在进行力量素质训练时,一定要保证在每次训练时,都要使肌肉先充分伸展拉长,然后再收缩,动作的幅度要大。这样才能起到增大收缩的力量,并且保持肌肉良好的弹性和收缩速度的作用。

研究发现,肌肉工作的程度越是接近疲劳,其放电量就越大。这也反映出了此时肌肉受到的刺激是比较大的。这种刺激具有非常重要的作用,不仅能促使机体发生良好的生理、生化反应,对于超量恢复也是有帮助的,由此而实现力量素质的增长。因此,这就要求在进行力量素质训练时越是最困难的最后一两次动作,越是要坚持完成。

三、正确选择力量素质训练手段

（一）选择适宜的训练手段

在力量素质训练过程中，不同的训练手段所起到的作用也是不同的，比如，有直接作用，也有间接作用；所产生的效应也有长期和短期之分，这就需要以实际情况和需要为依据来加以选择。

要考虑有利于改善肌肉正确的发力方式，有恰当的要求，如下蹲、蹲跳训练，都能起到有效锻炼整个下肢的作用。同时，还要针对某个薄弱环节来进行针对性训练，如提高小腿肌肉力量就要选择专门的手段，进行负重提踵练习，如此所产生的训练效果要更为理想一些。

（二）确定与其他训练手段的正确组合

早有研究证明，训练方法和训练手段的单一性，是不会取得理想的训练效果的，这就需要在训练手段上要做好相应的组合。组合训练是促进力量转化的有效方式，力量素质训练经常用到的组合训练方式主要有力量与技术训练、力量与专项训练、力量与速度训练、力量与跳跃训练、大负荷与小负荷训练、慢速中速—快速组合训练等。需要特别提出的是，不同速度的力量组合练习方式也不同的，要加以重视。

四、力量素质训练要与正确的技术动作规格相符

不同运动项目都有其自身的技术结构，因此，具体参与工作的肌肉群力量也是有所差别的。这就要求在进行力量素质训练时，首先要根据专项技术的动作结构来选择适宜的训练方法和手段，以发展有关的肌肉群力量，其次要通过肌电研究了解主要肌群用力特点、工作方式、用力方向、关节角度等，来将力量素质训练的方法确定下来。只有紧密结合专项特点来安排力量训练，才能收到更好的效果。每一个力量素质训练动作都有各自的技术规格要求，这就要求必须按照技术规格要求去操作，才能够真正发展肌肉群的力量。

与专项技术结合进行力量素质训练的主要目的是提高专项能力。与技术结合是促使一般力量向专项力量转化，获得专项力量的有效途径。

五、力量素质训练要配合正确的呼吸方法

体育运动过程中都是需要配合正确的呼吸方法的,力量素质训练也不例外。尽管憋气有利于固定胸廓,提高腰背肌紧张程度,对于力量素质训练效果的提升是有帮助的,但是,其也存在着一些显著的不良反应,比如,胸廓内压力提高,动脉血液循环受阻,从而导致脑贫血,甚至会产生休克。因此,为避免产生不良后果,在进行力量素质训练时,一定要做到以下几个方面要求。

（1）不能憋气的情况：最大用力的时间很短,但有条件不憋气;在重复做用力不是很大的练习时。

（2）要注意让刚开始训练的人,尽量少安排极限和次极限用力的训练。同时,要让其学会在训练过程中完成呼吸。

（3）在完成力量素质训练之前,不能做最深的吸气。

（4）做最大用力时可采用慢呼气来协助最大用力训练的完成。

六、力量素质训练的负荷要合理

（一）确定合理的训练负荷

对训练效果产生影响的因素还有训练负荷的大小。一般的,如果训练负荷过大,往往会造成动作变形,甚至伤害和疲劳;如果训练负荷过小,则有可能导致因刺激不够降低训练效果的理想程度。负荷选择不同,对快肌、慢肌的刺激效果也会不同。因此,这就要求在不同的训练阶段、时期,与训练者的特点和项目特点相结合,处理好训练量、强度、间歇的关系,从而保证理想的训练效果。

（二）训练中要采用大负荷与循序递增负荷

大负荷,就是指用训练者所能承受的最大负荷或接近最大负荷来进行训练。大负荷的采用,能迫使肌肉进行最大收缩,有效刺激人体产生一系列的生理适应性变化,从而导致肌肉力量增加。

为了达到大负荷,在进行力量素质训练时,就要保持较大的强度,或者要保持较大的数量(次数和组数)。在力量训练过程中,当力量增长后,

原来的负荷就逐渐地变为小负荷了,这时候,为了继续保持大负荷,就必须循序渐进地递增负荷,从而始终保持有效的刺激效果。

（三）处理好负荷与恢复的关系

恢复在力量素质训练中是非常重要的。因为没有恢复就没有训练效果的产生。如果在没有恢复的情况下进行力量素质训练,会对力量训练的效应产生影响,特别是对爆发性力量训练的影响更为显著。这就要求在系统的力量训练中,一定要对负荷的逐渐递增原则加以注意,负荷应该分层次安排,跨度不能过大,否则会对力量体系的整合和力量能力的衔接产生不利影响。

七、力量素质训练结束后要做好放松工作

力量素质训练是一种高强度的训练,能够有效刺激肌肉,使肌肉疲劳,代谢物积累,肌丝紊乱,功能下降。力量素质训练之后,肌肉常会充血,胀得很硬,这时应做一些拉长动作,或者做一些按摩、抖动,使肌肉充分放松。在训练间歇特别是力量训练后,可以通过借助使用泡沫轴以及心理学手段、医学—生物学手段等来进行综合放松。这样能有效加快疲劳的消除,促进恢复,同时,还能使关节柔韧性因力量训练而下降的情况得到有效避免,这对于保持肌肉良好的弹性和收缩速度也是有帮助的。

八、力量素质训练要全神贯注,保证安全性

在进行力量素质训练时,一定要做到全神贯注,因为肌肉活动总是在中枢神经系统的调节下进行的,意念活动与练习动作紧密配合保持一致,有助于肌肉力量得到更好的发展。而在力量素质训练过程中,尤其是大负荷训练时,如果三心二意,注意力不集中,往往会造成受伤。此外,保证力量素质训练的安全性,达到期望的效果,还应注意加强自我保护和互相保护。

九、注重摆动的动力性训练

在进行力量素质训练时,要将摆动的动力性训练作为侧重点,尤其

要对动作的振幅加以关注。这样做可使练习者获得用力感和速度感,增强技术动作力量,培养快速完成动作的能力,同时也改进了关节的灵活性。除此之外,还要结合肌肉的放松和伸展训练,从而使肌肉保持弹性,进而增大动作的振幅。

第四节　案例分析

一、武术散打的力量训练

（一）武术散打的力量特点

武术散打的力量主要是以速度力量为主,同时还体现在运动员的最大力量的能力。散打比赛的特点是比赛高度紧张,搏斗激烈,规则的变化使运动员的体能发挥至极限。这就要求运动员具有最大限度的股骨力量,并善于在相当长的时间内,在变化不断的比赛中加以发挥。散打比赛对力量提出了要求,但光有力量没有速度,难以击倒对手;只有速度,没有力量,不会产生好的击打效果。[①] 所以力量与速度须协调统一,速度力量体现了武术散打的力量特点。速度力量是指运动员在特定负荷条件下,在最短的时间内所表现出来的最大动作速度是力量的一种表现形式。

速度力量的决定因素是肌肉收缩速度,武术散打的技术动作是在快节奏和爆发用力情况下完成的,如连续直拳、快速边腿等都是速度力量的突出表现。速度力量的典型表现形式主要有爆发力和击打反应力等。

（二）武术散打力量训练方法

1.爆发力训练

根据武术散打的基本力量特征,在进行爆发力训练时可以采用快速用力与超等长练习的方法来提高散打运动员的爆发力。

---

① 张家利.浅谈武术散打的力量特点及训练方法[J].新西部（下半月）,2007（06）:232-233.

（1）快速用力法

快速用力法的练习特征是以最快的收缩速度克服一定的器械重量，以发展运动员的爆发力。它主要包括以下两种形式：中等强度快速用力法，其特点是 70%～90% 强度，用最快速度练习 5～6 组，每组 3～4 次。这种方法对提高肌肉爆发力极为有效；小强度快速用力法，其特点是 30%～50% 的强度，练习 3～6 组，每组 5～10 次，进行专门发展练习，练习结构的肌肉工作方式尽量接近比赛运作。

（2）超等长练习法

利用超等长练习法时，肌肉先做退让性工作且肌肉被极度拉长，然后再尽快转入克制性工作，练习的目的在于使纯力量转变成爆发力。其生理机制是牵张反射，即肌肉在退让工作时，拉长到超过自然长度，引起牵张反射，从而产生一种更强有力的克制性收缩，能有效地发展爆发力。

跳深练习是一种典型的超等长练习方法，即肌肉先进行快速的离心收缩，紧接着爆发性地完成向心收缩，以提高运动员的支撑能力，快速力量，尤其是爆发力，有着其他练习方法无法相比的独特训练效果。目前，有关跳深训练的有效组数，重复次数及恢复规律研究较少。一般多采用每周 2 次，每次训练（6～10）次 ×（6～10）组，组间间歇为 2～3 分钟。在进行爆发力训练时应结合武术散打技术结构进行相应的练习，训练时应注意避免疲劳，练习前和练习后多做伸展放松练习。

2. 击打反应力的训练

反应力是指运动的人体迅速制动，并以很高的加速度朝相反方向运动的能力，在人体运动时，肌肉链制约着人体运动速度，引起牵张反射。在制动的离心阶段，活动的肌肉被拉长，在加速的向心阶段，肌肉迅速收缩。

武术散打比赛中，为防止出拳和出腿被抓抱，必须迅速地出击和回收，这是打击目标和自我防守保护的必须。所以发展击打反应力应发展对抗肌的力量。优秀运动员发展击打反应力，主要采用以下几种训练方法。

（1）退让性练习（发展对抗肌力量）卧推和深蹲，负荷 110%～150%，即超过自己最大负荷 10%～15%。加助力推起，加保护慢放下；仰卧直臂下压：两手持哑铃，直臂下压时快，直臂后摆时慢。

（2）模仿性练习法（发展对抗肌和击打速度）利用滑轮拉力器、橡皮条、石块、短棒等模仿击打、鞭打、踢和踹等动作,用轻杠铃快速平推以发展出手的速度力量等。练习时应注意动作完成的幅度,完成动作前的拉长动作,以及具有足够引起鞭打性的肌肉紧张。此练习一般每组不超过 5 ~ 8 次。

3. 力量耐力训练

（1）力量耐力训练要素

①负荷强度。提高拳法和腿法的力量耐力练习,阻力略超出比赛活动阻力的 5% ~ 10%;提高摔法的力量耐力练习中,可超出比赛活动阻力的 10% ~ 30%。发展最大力量耐力,可采用 60% ~ 80% 的重量;发展速度力量耐力,可采用 40% ~ 60% 的重量;发展静力性力量耐力,可采用 70% ~ 100% 的重量。[①]

②练习的持续时间。提高出拳、出腿力量耐力的练习时间为 30 ~ 60 秒;摔法的练习时间为 30 秒 ~ 2 分钟。

③组间间歇。发展出拳、出腿的力量耐力练习,若持续时间为 30 ~ 60 秒,间歇时间为短于练习时间 5 ~ 10 秒;若练习时间较长,间歇时间也相应延长。

④练习重复次数与组数。发展最大力量耐力的重复总次数可达 60 ~ 100 次,练习 3 ~ 5 组;发展速度力量耐力的重复总次数可达 100 ~ 200 次,练习 3 ~ 6 组。

（2）力量耐力训练方法

①循环力量训练法。运用各种力量训练方法学的参数,选择若干练习手段,组成各练习"站"并以循环方式进行练习。散打力量耐力的循环练习通常采用 4 ~ 8 组练习,每组循环重复 3 ~ 4 次,总持续时间 20 ~ 30 分钟。采用 40% ~ 60% 负荷强度,每组完成 10 ~ 20 次,进行 3 ~ 5 组,组间间歇 3 ~ 90 秒钟。采用 25% ~ 40% 的负荷强度,以快速的动作节奏完成练习,每组重复 30 次以上,完成 4 ~ 6 组,组间间歇 30 ~ 60 秒钟。

②重复训练法。采用低强度负荷的专项手段,如持哑铃的拳法练习、轻负荷的腿法练习、步法练习和单支撑连续高拾腿等。每组重复

① 杜远.武术散打力量训练方法的研究[J].内江科技,2014,35（07）: 107-108.

20 ~ 40次,间歇60 ~ 90秒钟,完成3 ~ 5组。

二、武术套路运动员的专项力量训练

（一）武术套路运动员的专项力量要求

在进行武术套路训练的过程中,对运动员自身的身体素质有较高的要求,需要具有较强的爆发力。因武术每个套路有较强的连续性,有连续的攻击与防守动作。所以,对于武术套路专项力量训练具有较大的特殊性。此外,武术长拳内的套路动作主要有弹腿冲拳、弓步冲拳以及仆步亮掌等动作,这些动作在一定程度上对肢体力量的协调性要求比较高。从南拳的角度进行分析,主要是以练坐桩为主,还包括跪桩、打沙袋及罗汉功等,这些主要是对上肢力量有较高要求,并且动作朴实、手法多变及结构紧凑,常以声助威,具有较强的攻击性。由此可以看出,武术套路不同对力量的要求也存在较大的差异。[①]

（二）武术套路运动员的专项力量训练原则

1. 专门性原则

专门性原则是指所从事的肌肉力量练习应与相应的运动项目相适应。包括进行力量练习的身体部位的专门性和练习动作的专门性。也就是说在进行力量练习时,因包含直接用来完成动作的肌肉群,并且要尽可能地模拟实际的动作节奏与速度和动作完成的结构。[②]动作结构与身体部位的专门性有利于改善神经系统的协调控制能力,以及促使肌肉产生一系列的适应性的生理生化改变。

2. 超负荷原则

在武术套路运动员的力量训练中,采用某种大的负荷训练一段时间以后,肌肉会对这一负荷逐渐习惯和适应,其力量也会增长,原本的负荷已无法满足肌肉力量的提高,依据"超负荷原则", 需进一步增加负

① 杜新杰.探究武术套路运动员专项力量训练策略[J].当代体育科技,2020,10（01）：186-187.
② 安志超,何英.竞技武术套路运动员力量素质的训练措施分析[J].中华武术（研究）,2020（04）：109-112.

荷来重新满足大负荷的需要,以供肌肉力量持续增长。需注意,超负荷训练前应对套路运动员全面诊断身体生理承受能力,防止运动损伤和过度训练的发生。

3. 合理间隔原则

此原则是指在两次训练课之间寻找出合理的间隔时间,使下一次的训练在上一次训练而引发的机体超量恢复期(力量增长顶峰期)内进行,进而引发训练效果的持续性积累。一般小力量训练第二天就会出现超量恢复,中强度力量训练应隔天开始,而大强度的力量练习一周内一到两次足够。再次训练的间隔时间段与训练量和强度有着密切的联系,训练量和强度大的话,间隔调整的时间也应越长。

(三)武术套路运动员的专项力量训练方法

1. 腰腹训练

(1)脊椎力量训练。在武术套路运动员的力量训练中,脊椎力量在其中尤为重要,其主要用力部位有腹外斜肌、腹直肌及斜方肌等,在训练过程中一般情况下使用仰卧起坐转体俯卧背起及负重转体等方法。

(2)上肢爆发力训练。一般情况下,肘关节与肩关节中的用力肌肉有三角肌、肱三头肌及胸大肌等,采用的主要训练姿势有平推、引体向上及卧推等方法。

(3)下肢弹跳力训练。在进行下肢力量训练的过程中,主要是进行下肢弹跳力的锻炼,其用力部位主要有踝关节、膝关节等,其中主要用力肌肉有臀大肌、小腿三头肌以及大腿屈肌等,训练方法一般情况下使用负重深蹲、负重足踵屈伸及半蹲跳起等方法。

(4)器械套路力量训练。通过一定重量负荷的训练方法完成组合与单独的动作,在此过程中需要与运动器械进行有效的融合,通过相关器械训练力度与速度。在进行全套动作训练的过程中,主要是完成超负荷状况下全套器械动作的力度和耐力。

(5)拳术套路力量训练。在对拳术套路力量进行训练的过程中,主要使用组合动作或者单个动作力度进行训练,并且在此基础上也可以使用负重法完成相关动作的训练,从而有效提高拳术套路的动作力度和专项耐力。

2. 爆发力训练

爆发力主要是指训练者在最短的时间内使自身或者器械移动到最远距离所发出的力量,想要完成大的爆发力,就需要增大肌肉的收缩力量和工作距离,以此有效缩短工作时间。所以,在训练期间,应通过机械动作,在保持速度不变的同时,根据自身情况逐步增大负荷,这在较大程度上能够提升肌肉收缩力量。在进行武术套路训练的过程中,负重训练尤为重要,连续完成同一个动作,可发展肌肉的快速收缩能力和提高人体肌肉对动作的控制能力及适当的放松能力。

3. 静力与动力等训练方法

（1）静力性力量训练。平衡类训练主要有提膝平衡、燕翅平衡及扣膝平衡等,一般情况下时间选择为 10 秒、30 秒、40 秒等;前举腿、接侧举腿、接燕翅平衡时间为"3+3+3"或"5+5+8"秒等。静力性力量训练与负重性力量训练进行有效结合的训练方法为:两手与两脚进行负重,重量一般情况下以矿泉水或沙包的重量为依据,并且根据身体素质而定。

（2）动力性力量训练。拳术可以利用手和脚绑皮筋的牵拉和手腕、脚腕绑沙包的方式;器械训练在采用同上方法的同时加重器械的粗度和重量等,来提高专项力量。

（3）负重性力量训练。针对某个技术动作有目的地加强负重力量训练。例如乌龙盘打,为加强臂膀和转髋的力量和速度,可以拉皮筋练习等。

第五章　速度素质训练方法的设计

速度在很多体育项目中都是制胜的法宝,也是运动选材和运动水平评定的重要指标,这充分说明了速度素质的重要性。速度素质水平受遗传因素的影响较大,但通过后天的训练,也能够明显提高速度。速度训练效果直接取决于训练方法的科学性、有效性,科学合理地设计丰富多元的训练方法,能够有效改善运动员的速度素质,使运动员在竞技场上表现出良好的速度能力和高超的竞技能力,最终取得理想的竞技成绩。本章主要就速度素质训练方法设计展开研究,首先简要阐述速度素质的基本理论,其次重点分析速度素质训练方法的设计;再次提出速度训练中要注意的事项;最后以武术项目为例分析武术专项速度训练方法。

第一节　速度素质概述

一、速度素质的概念与分类

速度素质是指人体或人体某部位快速运动的能力,也就是人体或人体某一部位快速做出运动反应、快速移动以及快速完成动作的能力。从速度素质的概念来看,速度素质包括反应速度、动作速度以及位移速度三种类型,它们是速度素质的主要表现形式。

（1）反应速度是指人体对各种信号刺激(光、声、触)的快速应答能力。

（2）动作速度是指人体或人体的某一部分快速完成单个动作或成套动作的能力,通常以时间长短予以表示。

（3）移动速度是指周期性运动中,在单位时间内人体快速位移的能力。

速度素质训练中,上述三个方面都要涉及,速度素质训练的内容体系如图5-1所示。

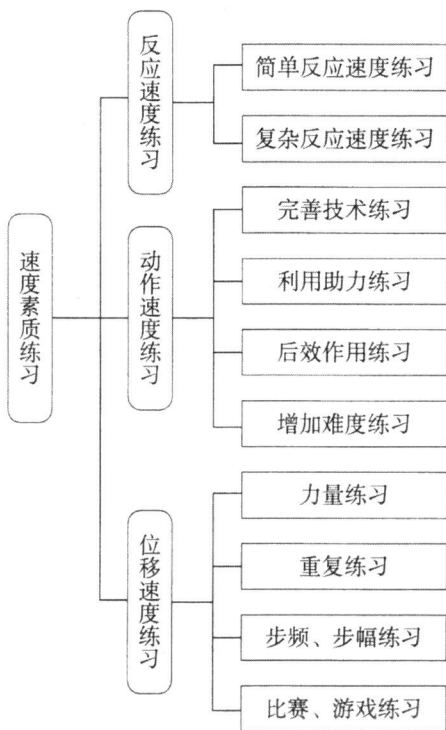

速度素质练习
- 反应速度练习
  - 简单反应速度练习
  - 复杂反应速度练习
- 动作速度练习
  - 完善技术练习
  - 利用助力练习
  - 后效作用练习
  - 增加难度练习
- 位移速度练习
  - 力量练习
  - 重复练习
  - 步频、步幅练习
  - 比赛、游戏练习

图5-1　速度素质训练内容 [1]

二、速度素质的影响因素

速度经过不断的科学训练是能够明显改善与提升的,对于短跑运动员来说,速度训练是日常训练的重要内容,但并非所有短跑运动员经过训练且具备了良好的速度素质后都可以成为优秀选手,在比赛中夺冠。因为不管对于运动员来说,还是对于其他人来说,速度的提升都是有限度的,速度达到上限后基本无法再继续提高。运动员速度能够达到的最高点是由基因所决定的,受先天基因的影响,很多短跑运动员的速度即使达到了对自己而言的"天花板",也难以在短跑比赛中获得好成绩。但是也不必过多担心基因造成的这种限制,因为真正能够达到最大速

---

① 黄鹏.运动体能实训指导[M].北京:化学工业出版社,2016.

度上限的运动员并不多，一些高水平的优秀短跑运动员在自己的运动生涯中依然在不断训练来提高速度，可见他们也并没有达到自己的速度上限。倘若非常优秀的专业短跑运动员通过长期系统的专项训练都无法达到速度上限，无法将基因的潜能全部释放出来，那么其他专项运动员要达到速度的最大化水平就更不容易了。即使这样，运动员依然要坚持训练来提高速度，这是因为他们还有很多潜力没有开发和释放出来。速度训练是运动员体能训练中不可缺少的一部分，运动员采用多种方法进行训练，主要就是为了达到最大速度的上限水平，将自己的速度潜能全部释放出来。

运动员速度能力的影响因素中，遗传因素的影响非常显著，这说明速度素质的遗传度非常高。具体来说，运动员的肌纤维类型、身体形态与结构是影响其速度素质的主要先天因素。快肌纤维多的运动员速度能力普遍比较强，他们的优势在于爆发力强，肌肉收缩速度快，而慢肌纤维多的运动员相对来说肌肉收缩速度要慢一些，而且也难以产生很大的力量，爆发力稍逊。但是快肌纤维占主导的情况下机体的抗疲劳能力相对弱一些，慢肌纤维反而有较强的抗疲劳能力。

运动员的身体结构也对其速度能力有重要影响，最明显的表现就是运动员的移动速度一定程度上由其四肢长度决定，而骨骼长度、肌肉与骨骼的连接又决定了肢体的长短。受遗传基因的影响与限制，有的人天生四肢长，速度快，适合参加速度类项目，而有的人却四肢短，速度慢，不适合参加快速运动。

从理论上来说，速度发展的上限受到遗传基因的限制，但是通过后天的干预和训练仍然能够提高速度能力，进而提高运动表现力和竞技能力。在速度训练中，要将重点放在那些通过后天干预可以改善与提高的因素上，而不是放在那些基本完全由遗传基因所决定的因素上，否则就是徒劳。所以教练员和运动员都要先弄清楚哪些速度能力通过后天训练可以得到提高，哪些不可以，要对速度的本质有清楚的认识，在可以改变的因素上集中精力去优化与完善，从而有效提升运动员的速度能力。

三、速度素质测试评估

在速度素质评估中，要先将测试的距离确定下来，一般距离不大于200米，如果距离太长，不容易评价运动员的速度能力，反而能够测出其耐力水平。较短的测试距离适合测试速度能力。速度能力的测试评估主要分静态启动测试和动态启动测试两种类型,这是以运动员不同的启动技术为依据而划分的。

（一）静态启动测试

静态启动测试方法在运动员速度能力测试与评估中运用比较多,在这个测试中,运动员先保持一个静止姿势,然后冲刺一定距离。有时教练员也会以运动员在专项比赛中的跑动距离为参考而确定测试距离,这能够提高测试效果及其结果的有效性。

在静态启动测试中进行分段时间测试,有助于对更多重要信息的掌握,教练员通过测试可以对运动员不同冲刺阶段的表现进行分析与评价,在测试中要将运动员在各段距离的冲刺时间记录下来,以对运动员在各段距离中冲刺的表现及优劣势有所了解。例如,两名运动员共同接受测试时,如果测试距离相同,两名运动员的测试成绩也相同,那么对两人冲刺每段距离所用的时间进行记录,了解他们在各段的优势与不足,从而进行更全面的评价,为运动选材和设计训练计划提供参考。如果测试距离是 40 码,运动员冲刺第一个 10 码和第二个 10 码所用的时间非常短,而后面两个 10 码所用的冲刺时间稍长,这表明运动员有较强的加速能力,但缺乏很好的保持高速度的能力。而如果运动员前两个 10 码冲刺成绩一般,后两个 10 码成绩好,说明其缺乏良好的加速能力,但保持高速度的能力较好。可见记录各段冲刺时间能够对运动员的速度素质做出更准确、全面的评价。

（二）动态启动测试

静态启动测试适用于对运动员的加速能力进行测试与评估。对于需要更长距离才能达到最大速度的运动员,要采用动态启动测试方式来对其最大速度进行测试与评估。采用这一测试方法,就是在运动员加速一定距离后才对其速度进行测试,运动员在起跑线前面有足够长的距离来加速,从起跑线开始其基本就能以最大速度冲刺全程,起跑线前的加速不计入时间。冲刺距离要根据运动专项的要求来确定。

第二节 速度素质训练方法

一、移动速度训练方法

（一）跨越栏架

（1）在跑道上将起跑线、终点线、跑进路线明确标出来。在跑道两侧摆两排小栏架，每排 4 个。

（2）练习者在 A_1 处准备就绪，听口令快速起动沿跑道前进。

（3）在练习者即将到达第一排栏架时，教练员发出变向指令或用手势示意练习者变向，练习者按指令要求右转或左转。

（4）练习者越过第一排右侧的两个栏架或左侧的两个栏架后再越过栏架返回到跑道上向另一侧的两个栏架跑动，越过另一侧的两个栏架再返回到跑道上向第二排栏架跑进。

（5）练习者按同样的方法越过第二排的四个栏架。教练员再发出变向口令或用手势示意变向。

（6）练习者听指令越栏架，最后向终点线快速跑进。

（二）Z 型跑

（1）将 7 个锥体按"Z"字形排开，响铃锥体间的水平距离和垂直距离适宜。

（2）练习者在起点处面向锥体做好准备，听到"开始"口令后向第一个锥体快速跑进，然后急停，再向第二个锥体快速跑，再急停……依次跑过所有锥体。

（3）练习者按同样的方法返回。

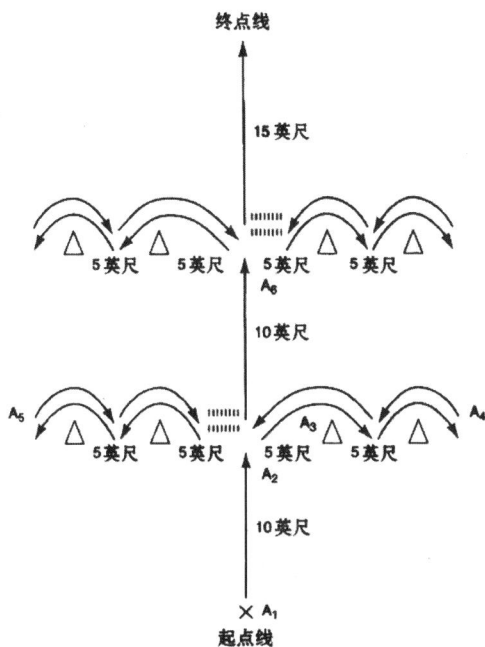

图 5-2 跨越栏架[1]

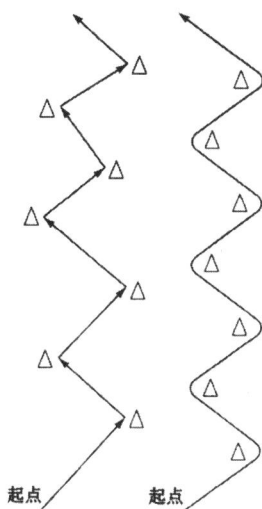

图 5-3 Z型跑[2]

[1] [美]Bill Foran.高水平竞技体能训练[M].袁守龙，刘爱杰，译.北京：北京体育大学出版社，2006.
[2] 同上。

（三）环绕、穿越和跨越

（1）将 6 个锥体一字排开。

（2）练习者从场地一角开始，围绕六个锥体跑动，身体应正对每一个锥体并尽可能快地通过每个锥体。

（3）练习者听到哨声后迅速侧滑步到每行锥体的末端，向后跑到锥体线后面，侧步返回至第一个锥体，向前跑到开始处，然后反方向重复一系列的侧滑步和向前、向后跑。

（4）第二圈，练习者向后跑回到第一锥体，转身并跑向第一二个锥体之间，再转身跑向第二三个锥体之间，直至到达终点线。接着，运动员原路返回起点。

（5）第三圈，练习者侧滑步跨越每个锥体，在最后一个锥体外侧制动，再侧滑步返回起点。

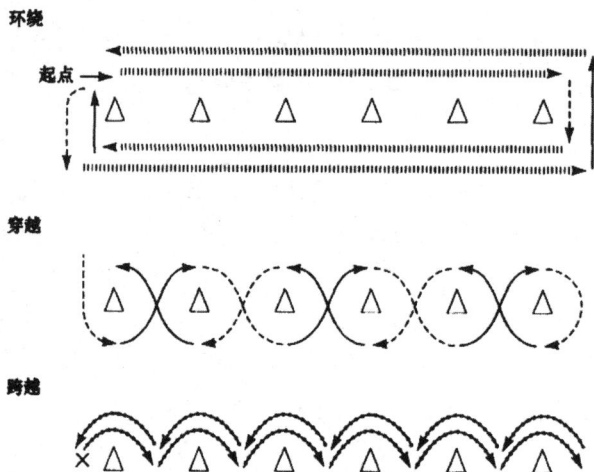

图 5-4　环绕、穿越和跨越 [1]

（四）侧向倾斜板走

（1）练习者站在木板中间做好准备。

（2）左脚向木板左侧移动，踏在木板左侧斜坡面（L_1），制动，向反方

---

① ［美］Bill Foran.高水平竞技体能训练［M］.袁守龙，刘爱杰，译.北京：北京体育大学出版社，2006.

向快速蹬伸,然后还原移动到木板中间,右脚和左脚一前一后分别快速从木板上跳下(R_2,L_3)。

（3）两脚再次踏上木板,右脚向木板右侧移动,踏在木板右侧斜坡面（R4）,制动,向反方向迅速蹬伸。然后还原移到木板中间,左脚和右脚一前一后分别快速从木板上跳下（L_5,R_6）

（4）两脚再次踏上木板,左脚向木板左侧移动,踏在木板左侧斜坡面（L_7）,制动,然后向反方向迅速蹬伸……

反复练习。

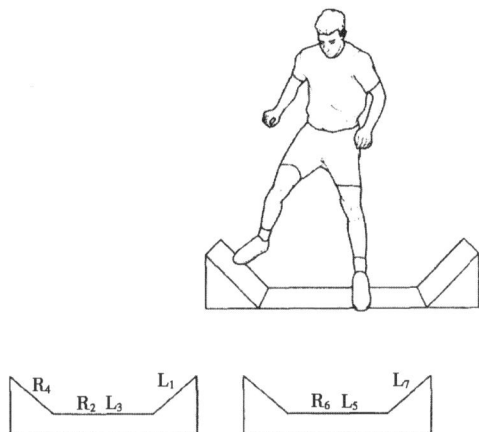

图5-5 侧向倾斜板走 [1]

（五）跟随游戏

（1）两两一组进行练习,两名练习者的两个脚踝都系上一个橡皮筋,即用橡皮筋将脚踝连接起来。练习者间隔一定距离面对面站立。

（2）规定一人为进攻者,另一人为防守者,进攻者只能左右侧跨步移动,但可以变化进攻方向,防守者主要通过移动的方式躲闪进攻,可以侧跨步移动,也可以采用制动—起动的方式。

跟随游戏练习时间稍短,两次练习之间间隔稍长的休息时间,以保证练习者体力恢复后再继续练习。这项练习中,练习者用脚尖支撑身体重心,放低髋关节,身体姿势要合理。

---

① ［美］美国国家体能协会（National Strengthand Conditioning Association）.美国国家体能协会速度训练指南 修订版[M].沈兆哲,译.北京:人民邮电出版社,2019.

（六）放开冲刺

（1）将绑带或绳索等阻力装置绑在练习者腰间。

（2）教练员吹哨表示开始，练习者立即冲出，迅速跨步，同伴控制好阻力装置，使练习者在阻力条件下完成练习。

（3）练习者跑几步后，同伴松手放开绳索或绑带，此时练习者在没有阻力的条件下用力向前冲，下肢加快跑动速度。

在阻力条件下，练习者就要拼尽全力跨步前冲，要有爆发力，没有阻力限制后，也利用放开阻力瞬间的加速度向前冲，将速度加到最大，练习者要能够利用神经系统的功能去控制速度。

图 5-6　放开冲刺 [1]

二、反应速度训练方法

（一）双人抛球＋俯卧撑

（1）在垫子上做好跪姿准备，手持实心球，给同伴传球，然后双臂自然支撑做一个标准的俯卧撑动作。

（2）从俯卧撑还原到跪姿，接同伴回传的球，再传球，做俯卧撑，反复练习。

① ［美］美国国家体能协会（National Strengthand Conditioning Association）.美国国家体能协会速度训练指南 修订版[M].沈兆哲，译.北京：人民邮电出版社，2019.

注意练习时速度要尽可能快。

（二）对墙高抛

（1）面向墙壁，自然站立，两脚分开，双手拿一个实心球。

（2）迅速屈膝，重心放低，然后一边起身一边将实心球高高抛向墙壁，抛球后全身伸展。

（3）反复练习，计算规定时间内的抛球次数。

需要注意的是，练习过程中背部肌肉始终保持适度紧张状态，屈膝下蹲后要做标准的深蹲姿势。

（三）单臂支撑＋俯卧撑

（1）做标准的俯卧撑预备姿势，手臂弯曲，身体笔直。

（2）手臂伸展，身体上抬，一手放在实心球上，再继续做俯卧撑，主要用支撑手臂的力量来完成动作。

（3）支撑手臂将身体撑起后离开地面，手的高度和实心球上端齐平。然后有控制地放下，再继续发力支撑身体并离开地面，这个过程中支撑手臂要用爆发力快速将身体撑起并离开地面。

需要注意的是，支撑手接触地面的时间要尽可能短，触地后立即爆发式推离地面。

（四）爆发式斜拉

（1）在一条安全杆上挂一根直径5厘米左右且表面比较粗糙的绳子，为了安全起见，也可以从安全钩中穿过绳子。

（2）练习者伸展手臂，双手用力将绳子拉住，身体向后倾斜，与地面保持45度夹角，身体充分伸展，背肌收紧。

（3）练习者快速用力拉动绳子，将自己的身体拉起来。

反复练习。

（五）剪式跳跃

1. 练习方法

（1）两脚前后错开，稍屈膝、屈髋。

（2）用力蹬地向上纵跳，空中交换两脚前后位置，落地后也保持两脚一前一后的姿势。上身始终保持挺直状态。

反复练习。

2. 变换练习

（1）分腿纵跳，拉大两腿前后错开的距离，落地后屈膝，重心调低一些，以增加练习强度。

（2）移动跳跃练习。

（六）团身跳跃

1. 练习方法

（1）两脚开立，目视前方。

（2）向后摆臂，同时屈膝、屈髋，重心降低，下肢蓄力准备释放。

（3）向前摆臂，当手臂与身体两侧贴近时，髋、膝、踝关节依次伸展，两脚用力蹬地纵跳，膝盖尽可能向胸部靠近。

（4）落地后，两脚依然是分开姿势。

反复练习。可以规定练习时间，要求练习者在规定时间内尽量完成多次跳跃。

2. 变换练习

（1）按照上述方法跳跃，但落地位置与跳起位置不同，两个方向呈直角。

（2）跳跃后空中加转体动作。

（3）单腿练习，两腿交替。

（4）两腿伸直，上体前屈进行屈体跳练习。

（5）向前后方向或左右方向移动跳跃。

（七）横向滑冰

（1）两脚并立，目视前方。

（2）左脚或右脚横向蹬地抬起，落地后反方向用力蹬地。

（3）两脚交替练习。

反复练习。教练员可以规定练习时间，让练习者尽可能完成较多次数的练习。

（八）障碍跳跃

1.练习方法

（1）将标志桶、跨栏或箱子作为障碍物，练习者面向障碍物，身体直立，做好准备。

（2）屈膝、屈髋，身体重心下移，两脚同时蹬地向前跳起越过障碍物，两臂配合前后摆动。注意跳起时膝盖尽可能靠近胸部，以获得更大的向前跳跃的力量。

（3）两脚落地后屈膝缓冲，两臂在体侧维持身体平衡，然后充分伸展身体，还原准备姿势。

设置多个障碍物连续越过障碍，也可以规定练习者在跳跃后变换落地方向或落地后冲刺跑，以增加练习强度。

2.变换练习

（1）单腿障碍跳

练习者用一侧腿完成障碍跳跃练习，具体练习方法同上，但初步练习时要选择高度较低的障碍物，随着练习水平的提升，慢慢调整为较高的障碍物，也可以直接使用可调整高度的障碍物，练习者根据自身情况调整高度。

（2）横向障碍跳

这是练习者横向从障碍物上跳过的一种练习方式。练习者的站位要侧对障碍物，然后下肢蓄力，纵身跳起，身体横向越过障碍物。两腿同时落地后注意屈膝缓冲，手臂摆动以维持平衡。也可以连续横向越过障碍物，不断加快速度，在规定时间内完成多次跳跃。

（九）横向蹬伸

（1）准备一个箱子或凳子，高度不超过膝关节，站位与凳子在一条直线上，临近凳子的一侧脚踩在凳子上，上体稍向前倾，远侧腿屈膝，身体重心降低。

（2）置于凳子上的脚快速有力地蹬伸，身体向上跃起，落地时之前置于凳子上的脚落地，另一侧脚踩在凳子上。

（3）再次向上跳跃，再换另一只脚踩在凳子上，如此反复练习。

需要注意的是，为了便于加快弹性反应或为快速反弹提供便利，落地时，后脚踝关节要绷紧。

（十）快速摆动

（1）练习者与同伴面对面站立，两脚分开，稍屈膝下蹲，目视同伴。也可以做专业的拳击准备动作。

（2）同伴手持大码拳击手套或泡沫球棒攻击练习者，从头部开始，注意控制力度，安全第一。

（3）同伴攻击过程中手中的工具始终是笔直朝向练习者的，攻击的方向是沿练习者身体的矢状面攻击。

（4）练习者全身闪动避免被同伴手中的工具攻击到，如攻击左侧，则移到右侧，攻击右侧，移到左侧。

两人互换角色反复练习。

（十一）躲避训练

（1）练习者与同伴面对面站立，两脚分开，稍屈膝下蹲，目视同伴。也可以做专业的拳击准备动作。

（2）同伴手持大码拳击手套或泡沫球棒攻击练习者，从头部开始，注意控制力度，安全第一。

（3）同伴攻击过程中手中的工具始终是笔直朝向练习者或有一定的倾斜，攻击的方向是沿练习者身体的横切面或纵分面攻击。

（4）面对同伴的攻击，练习者快速躲避，但不是像快速摆动练习一样左右两侧躲避，而是从工具的下方钻过以躲避攻击。

（十二）牵制对手

（1）将4个标志桶摆放在场地的四个角，四个标志桶围成的长方形长75米左右、宽18米左右。

（2）练习者在底线位置做好出发的准备姿势，三名同伴扮演人墙角色，与练习者面对面站立，同伴站成一条直线，便于牵动练习者。

（3）练习者通过反复的侧移、后撤步来冲过人墙，向目标方向跑进。与此同时，作为人墙的同伴要尽可能前后左右移动来牵制练习者。

需要注意的是,三名同伴牵制练习者时必须保持移动方向的一致性,始终站成一排,不能各跑各的。

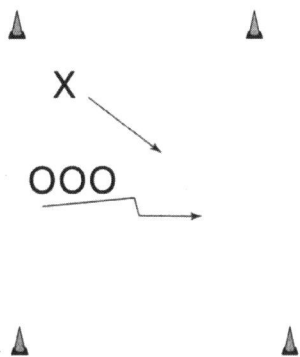

图 5-7　牵制对手 ①

（十三）四格跳跃 + 附加训练

四格跳跃是在一个格子中完成双脚跳,遵循1、2、3、4的格子顺序,然后再回到1的练习模式。练习者在跳跃时,双脚开立,在重复跳跃的过程中保持运动姿势。

附加训练指的是按口令完成跳跃并做指定动作,方法如下。

教练喊出下一跳目标格子的编号,喊出的每个编号都有一个对应的指定动作,练习者听到编号口令后必须立即跳到这个格子,并完成这个格子对应的动作,每个格子对应的动作如下。

1：跑到1号标志桶,完成4次上肢移动练习。

2：跑到2号标志桶,完成4次横向滑冰练习。

3：跑到3号标志桶,完成4次绕着3号和4号标志桶跑8字。

4：跑到4号标志桶,在3号4号标志桶之间完成往返熊爬训练。

完成反应式训练后,跑回1号格子,等待指令。

重复训练,不断加大难度。

---

① ［美］美国国家体能协会（National Strengthand Conditioning Association）.美国国家体能协会速度训练指南 修订版[M].沈兆哲,译.北京:人民邮电出版社,2019.

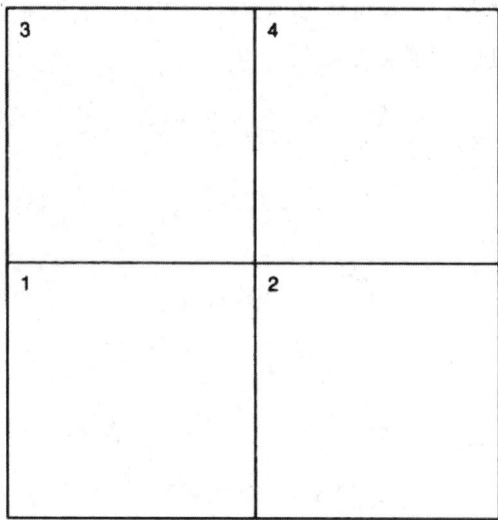

图 5-8　四格跳跃＋附加训练[①]

（十四）X 形反应

1．练习方法

（1）并排摆放两个跨栏,相隔 1 米。

（2）用力向对角线方向跨出一步,用右脚内侧边缘蹬地,从位置 1 到位置 2。

（3）后撤步和侧跨步到位置 3。

（4）用力向对角线方向跨出一步,用左脚内侧边缘蹬地,从位置 3 到位置 4。

（5）后撤步和侧跨步到位置 1 并休息。

（6）重复 3 次,时刻保持运动姿势。

2．变换练习

（1）按上述练习方法和节奏练习,移动中添加抛球动作。

（2）快速双脚点地,身体始终保持积极准备姿态,并根据教练员发出的听觉信号或视觉信号完成反应性对角线跨步。每次完成爆发式对

---

① ［美］李·E.布朗(Lee E.Brown),［美］万斯·A.费里格诺(Vance A.Ferrigno).速度、灵敏和反应训练 [M].北京：人民邮电出版社,2017.

角线跨步之后,回到位置 1 或位置 3,继续快速双脚点地。

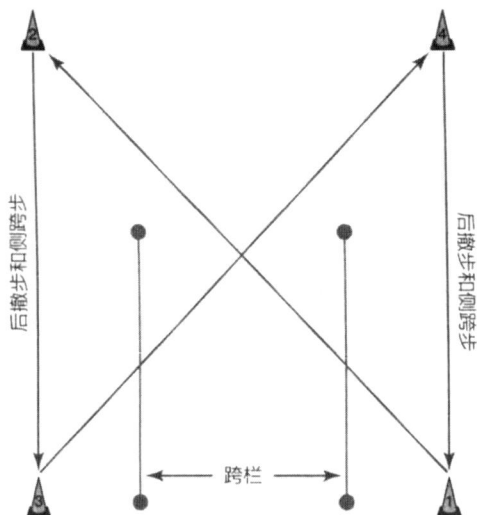

图 5-9 X 形反应[①]

（十五）疯狂接球

1. 练习方法

（1）两脚开立,手持球,向空中高抛球。

（2）趴在地上,双臂支撑身体,然后快速弹跳起身,在球反弹两次之前接球。连续练习。

2. 变换练习

（1）抛球后俯身摸地,然后在球反弹两次前接球。

（2）向不同方向抛球来训练多方向的反应性。

（十六）绳梯—滑雪跳跃 + 反应训练

1. 练习方法

（1）采用两点站姿,右脚在绳梯的第一格里,左脚在第一格外。

---

① ［美］美国国家体能协会（National Strengthand Conditioning Association）. 美国国家体能协会速度训练指南 修订版[M].沈兆哲,译.北京:人民邮电出版社, 2019.

（2）向前向右斜跳，左脚落在绳梯的第二格里，右脚在第二格外。

（3）落地后，立即向前向左斜跳，右脚落在绳梯的第三格里，左脚在第三格外。

（4）按照这个顺序依次完成整条绳梯。

2. 变换练习

（1）在绳梯末端加一个专项运动技能，通过整条绳梯后完成该技能。

（2）在整个训练过程中根据教练的视觉指令做出反应，如教练双手举起时，练习者喊出一个偶数数字，教练单手举起时，练习者喊出一个奇数数字。

（3）添加两步或三步的跑动，对练习者提出直线移动速度和反应速度的要求，使其按要求通过绳梯。

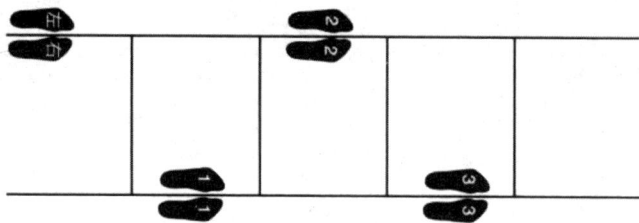

图 5-10　滑雪跳跃 + 反应训练[①]

三、动作速度训练方法

（一）起动训练

1. 平行式两点站姿起动

（1）以运动姿势开始，稍屈膝、屈髋，双脚分开，与肩同宽。

（2）一只脚后移至身体重心的后面一点，快速蹬地。

（3）躯干和身体收紧，肩部前倾，通过有力的摆臂动作爆发式向前移动。

---

① ［美］李·E.布朗（Lee E.Brown），［美］万斯·A.费里格诺（Vance A.Ferrigno）. 速度、灵敏和反应训练 [M]. 北京：人民邮电出版社，2017.

可以尝试在起始位置直接快速向后撤一步,使所有向前的动力都在一条直线上。

2.前后两点站姿起动

(1)两脚前后开立,屈髋、屈膝,大部分身体重量落在前脚掌。

(2)摆动腿直指向前,与前脚跟的距离与髋同宽。

(3)摆动腿向前冲,同侧手臂向后摆,沿直线向前。

3.高抛实心球

(1)屈膝下蹲,将实心球放在双腿之间的地面上。

(2)抓住实心球两侧,手指摊开。双臂向前下方伸展,抬头,躯干收紧。

(3)向前送髋,向上抬肩,身体直立并向上抛球或扔球。

4.下跌起动

(1)双脚并立,身体前倾直到失去平衡。

(2)快要倒地时快速向前移动。

(3)继续加速。

(二)加速训练

1.走军步

(1)两脚并立,手臂下垂落在体侧,抬头挺胸,目视前方。

(2)一侧腿的膝关节抬高,完全弯曲,同时保持脚踝背屈接近臀肌,抬到最高点时,向前伸展,落地,送髋,换另一侧腿。

(3)手臂前后摆动配合下肢动作。

2.小跳

(1)跳跃时使用完美的姿态和手臂动作。

(2)一侧腿膝关节抬起,完全屈曲,同时脚踝背屈并接近臀部,在空中时保持军步走中的高位姿势。上身始终直立、稳定。

(3)脚落地时安静、有爆发力,不要猛地落地。强调踝关节肌肉的硬度。

3.换挡

（1）将5个标志桶一字排开，两两相隔18米左右。

（2）在标志桶之间变换跑步强度，练习加速和在各种速度（或挡位）之间切换（过渡）。例如，在1号和2号标志桶之间用半速（二挡）跑步，2号和3号标志桶之间用3/4速度（三挡），3号和4号标志桶之间用1/4速度（一挡），在4号和5号标志桶之间用全速（四挡）。

练习者可以根据需要调整挡位顺序，也可以对标志桶的数量进行增减调整，以加大或减低练习难度。

图5-11　换挡 [①]

4.快速步频转加速

（1）身体直立向前移动，用力摆臂，强调步频，而不是水平速度。
（2）快速移动一定距离后，躯干前倾，向前再加速移动一定距离。
（3）躯干全程绷紧、挺直，步伐铿锵有力，注意用肩部带动摆臂。

5.正面阻力

（1）练习者与同伴面对面站立，同伴将双手放在练习者肩上。
（2）用力向前移动（身体收紧），同伴与其进行轻度对抗。
（3）同伴在没有提示的情况下快速向边上移动，练习者继续加速移动。
（4）在阻力条件下完成一定距离的快速移动后，取消阻力，继续加速练习。

（三）最大速度训练

1.横向滑步到向前冲刺

来回横向滑步5～10米，然后再向前冲刺10～20米。

横向滑步时保持低重心，脚尖向前，手臂放松。横向滑步到设定好

---

① ［美］美国国家体能协会（National Strengthand Conditioning Association）. 美国国家体能协会速度训练指南 修订版[M].沈兆哲，译.北京：人民邮电出版社，2019.

的位置,然后向前冲刺,也可以在做出有效的技术后或根据某种指令、刺激开始向前冲刺。

2.进进出出

向前加速奔跑 20 米,再匀速跑 20 米,再继续加速跑 20 米,最后慢速跑 10 ~ 20 米。

注意从加速跑转为匀速跑后要保持身体放松,同时也要保持高步频。第二次加速时要有意识地提高从快速奔跑到冲刺的能力。可以根据运动项目的特点和练习者的实际情况而设定每个阶段的距离。

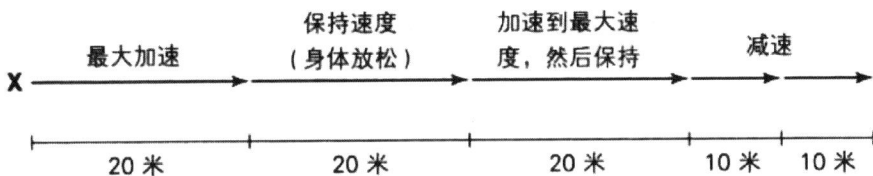

最大加速	保持速度 (身体放松)	加速到最大速 度,然后保持	减速	
20 米	20 米	20 米	10 米	10 米

图 5-12　进进出出[①]

3.步行—慢跑—冲刺

摆放两个圆锥筒,间隔 10 ~ 20 米。从第一个圆锥筒处开始向前步行,慢慢进入慢跑状态,跑到另一个圆锥筒前进入冲刺状态。

练习中要注意速度和节奏的变化。

第三节　速度素质训练的注意事项

一、合理确定运动负荷

一般来说,要根据运动项目的代谢特征、速度要求来确定速度练习的重复次数、跑动距离、持续时间以及间歇时间。而且速度练习经常与反应练习、灵敏练习相结合。在直线速度训练中,固定好训练距离,灵活调整组间间歇时间,使运动员有足够的时间恢复身体,使神经系统与能量系统经过休息后能够维持正常的工作状态,为下一次训练做好准备。一般情况下练习时间与间歇时间的比例是 1 : 3 或 1 : 4,间歇时间可

---

① ［美］李·E.布朗(Lee E.Brown),［美］万斯·A.费里格诺(Vance A.Ferrigno).速度、灵敏和反应训练 [M].北京:人民邮电出版社,2017.

以适度延长,使运动员始终以强劲的动力和良好的状态参与训练。

如果是在比赛周期内进行速度训练,就要在训练中有意识地加大训练量或将间歇时间缩短,使运动员持续完成高强度的练习,以良好的爆发力和速度耐力完成每项练习,以至于在比赛中将良好的竞技状态保持到最后。

二、重视热身与放松

速度训练并不是随意组织的,运动员在训练中也不是随性发挥的,在正式训练前都会先制订一个合理的训练计划,而完整的速度训练计划既包括正式的训练内容,也包括训练前的热身和训练后的放松与休息。而在速度训练实践中,热身准备、放松休息总是被忽视,这也直接影响了速度训练的效果和取得一定训练效果后的维持时间。对此,要特别强调热身、休息放松在速度训练中的重要性。

热身准备虽然是在正式训练前完成的内容,但这也是训练的一个重要组成部分,应予以重视。一般在正式训练开始前利用 10 分钟时间做热身准备,向不同方向充分活动各关节组织,提高身体活动能力,这有助于在正式训练后很快进入最佳运动状态,同时也能有效预防软组织损伤。

不管是间歇中的短暂休息还是每次训练课结束后的休息,都要注重补水,夏季尤其要重视补水性休息。休息时要放松身体,做一些简单的静态性关节柔韧练习,对关节活动度进行调整,为下次训练做准备。

三、灵活调整训练,不断进步

在速度训练中,如果运动员适应了一种练习,不要急着转换到其他练习中,而应该先确保之前的练习能够稳定、高质量完成,并确保能够对称地完成练习,然后针对原来的练习做一些调整与升级,使该练习变得复杂化,这种调整式训练有时比直接切换到全新的训练更有效。在调整训练时,可以调整难度,调整练习方式,或将专项技能穿插其中,或将不同练习组合在一起,这就需要教练员根据自己丰富的经验去设计。速度训练方案应该是灵活的,可调整的,有弹性的,而且要有创意,将单一练习、组合练习等有机结合起来。

制订综合性的速度训练计划,要考虑影响速度的多元因素以及影响专项运动成绩的多个变量,要事先评估,获得大量准确的、可靠的、可参考的信息,提高训练计划的针对性、科学性和专项化水平。在训练安排上既要灵活,又要创新,这样才能使运动员经过训练取得明显的进步。

第四节　案例分析

一、武术速度训练方法

武术套路对运动员的速度素质提出了很高的要求,武术运动员的速度快慢直接影响扑跃滚翻等复杂动作的完成质量。因此要通过科学持久的专项速度训练来提升运动员的速度水平,使运动员能够快速、连贯、流畅地完成武术套路。

（一）移动速度训练

1.提升起动速度的练习

（1）直体前倒跑。

（2）站立式起跑。

（3）蹲距式起跑。

（4）从走步、慢跑接起动快跑。

（5）俯卧、仰卧接起动快跑。

2.发展和保持最高速度的练习

（1）行进间跑。

（2）追逐跑。

（3）反复跑。

（4）各种加速度跑。

（5）借助外力跑。

（6）组合跑:50 米 +100 米 +150 米 +100 米 +50 米。

（7）变速跑:50 ~ 100 米快、50 ~ 100 米慢,交换进行。

（8）速度耐力跑,如 400 米计时跑。

3. 结合专项特点练习

（1）行进间步法练习。

（2）武术中助跑性跳跃练习。

（3）快速单练或组合动作练习。

（二）反应速度训练

1. 听信号练习

根据听觉信号进行快速起动、移动及改变动作方式、方向的练习。

2. 对抗性练习

对抗性武术练习，高度集中注意力，快速做出应答反应。

3. 游戏练习

设计游戏训练方法来提高反应能力，如要求习武者对给出的信号马上做出反应。

（三）动作速度训练

1. 刺激—反应练习

借助一定强度的刺激信号进行练习，如对练中的双刀进枪，对方扎枪后迅速做出反应。

2. 反复练习

反复进行单一动作或组合动作的速度练习，不断加快速度。通过计时、计数提高动作速度，如计算舞花棍练习中 10 秒内能抡几次；记录完成一个武术套路所需时间。

3. 加减难度练习

加大难度后减小难度，如练习刀术时，增加刀的重量，然后再减轻重量，会明显感到轻快了，速度也加快了。

二、武术速度训练注意事项

（一）在身心良好状态下训练

在武术速度训练中，要选好训练时机，尽可能确保在运动员体力充沛、精神状态良好的状态下训练，这样才有可能获得良好的训练效果。如果在运动员身心疲劳状态下组织大强度的速度训练，会损害运动员的健康，影响训练效果。

（二）突出专项特征

武术教练可根据武术运动的特征来组织专项化的速度训练，并将一般速度训练和专项速度训练有机结合起来。如果不考虑武术专项特点而盲目训练，无法有效提高武术运动员的专项速度素质。训练计划也要突出专项特征，而且要因人而异，有针对性地提升武术运动员的移动速度、反应速度以及动作速度，改善不同运动员的速度弱项。

（三）合理安排间歇

速度素质的训练量和其他身体素质训练相比而言较小一些，因为速度训练中运动员不仅承受生理负荷刺激，也承受心理负荷刺激，如果训练量过大，则会损害身心健康。为了获得满意的训练效果，并确保武术运动员的安全，要对速度练习的间歇时间进行合理安排，如果要增加重复练习次数，那么也要相应地延长两次练习间的间歇时间。运动员可以利用间歇时间做一些简单的拉伸动作，以积极性休息为主。

（四）体能与技术训练相结合

在武术速度训练中，不要一味安排大量的跑的练习来提升运动员的速度，否则会使训练枯燥乏味，影响运动员的训练情绪。要适当将其他体能素质的训练及武术技能练习穿插其中，灵活安排组合训练，促进武术运动员体能的全面提升和技术水平的提高，也使得体能与技能相辅相成。

（五）持之以恒

对于任何水平的武术运动员来说，只有经过长期的系统性速度训练，才能有效提升速度素质。武术运动员在速度训练中要克服"速度障碍"，一旦出现这种现象，就要及时找出原因，有效干预，对训练方案做出调整。

第六章　耐力素质训练方法的设计

耐力素质是运动员体能训练的重要内容,也是运动员从事运动训练和比赛的重要基础和保障,一切训练和比赛活动都少不了耐力素质训练。本章重点阐述耐力素质训练的基本理论与方法,并以武术运动员为例,研究提高武术运动员耐力素质水平的训练方法。

第一节　耐力素质概述

一、耐力素质的概念

耐力素质指的是人体在长时间工作或运动中克服运动疲劳的能力。这一耐力素质在一定程度上反映了人体健康水平或体质强弱,因此无论是作为普通人还是专业的运动员,都要重视自身的耐力素质训练。需要注意的是,人体各项体能素质并不是独立存在的,与其他体能素质之间存在着极为密切的联系。以耐力素质为例,耐力素质可以与力量、速度素质等相结合,形成力量耐力和速度耐力。这些素质都是运动员应具备的重要的体能素质。

二、耐力素质的分类

依据不同的划分标准,可以将耐力素质划分为以下几类。

(一)按运动时间分类

1. 短时间耐力

短时间耐力指的是运动持续时间在 45 秒 ~ 2 分钟的项目所需的耐

力。这一类运动项目所需的能量大多是通过机体的无氧代谢过程来进行提供的,运动员在训练的过程中,短时间会产生较高的氧债,在其运动的过程中,速度耐力发挥着重要的作用。

2. 中等时间的耐力

中等时间的耐力指的是运动持续时间在 2 ~ 8 分钟以上的运动项目中所需的耐力。这一类耐力项目的运动负荷强度一般要相对较大。通常机体在运动过程中,氧不能完全满足机体的运动需要,会在运动过程中产生一定的氧债。造成这种情况主要是因为无氧系统与运动速度成正比的关系。大量的研究表明,在 1500 米跑的过程中,无氧系统的供能几乎可以达到总供能的 50%,而在 3000 米跑的运动过程中无氧系统的供能只能占到总供能的 20% 左右。总之,对于一些中长跑项目而言,一定要重视运动员耐力素质的培养,其中中等时间耐力素质的提高非常重要。

3. 长时间的耐力

长时间的耐力是指将运动持续时间超过 8 分钟以上的运动项目所需要的耐力。如长跑、马拉松运动等,运动员的整个运动过程都是由氧系统供能,在运动中高度动员运动机体的心血管和呼吸系统,需要必要的耐力素质。运动员在参加这一类运动项目的训练和比赛时,其心率可达 170 ~ 180 次 / 分以上,心输出量约为 30 ~ 40 升 / 分,脉通气量可达到 120 ~ 140 升 / 分。对于长跑运动员来讲,一定要在平时重视自身耐力素质的培养和提高。

(二)按氧代谢方式分类

1. 有氧耐力

有氧耐力是人体耐力素质重要的一种。它是指机体在氧气供应充分的情况下,坚持长时间运动的能力。机体的有氧代谢能力是机体对氧气的吸收、运输和利用能力的综合表现。机体想要提高自身输送氧气的能力,就必须要进行一定的有氧耐力训练,只有这样才能提高机体的新陈代谢能力,增强承受运动负荷的能力。如田径长跑、马拉松等运动都需要运动员具备较高的有氧耐力水平。这些项目的运动员一定要在平时加强有氧耐力的训练,不断提升自己的有氧耐力水平。

2. 无氧耐力

无氧耐力指的是机体在氧供应不足的情况下,坚持长时间运动的能力。一般情况下,无氧耐力运动项目的氧供应很难满足机体的运动需要,机体会在无氧条件下进行运动,产生较大的氧债,并且这类运动所产生的氧债,一般都需要在运动结束后才能得到偿还。因此,运动员一定要在平时注意抗氧债运动能力的培养和提高。这一能力对于举重、短跑运动员等具有重要的意义。

3. 有氧与无氧混合耐力

有氧与无氧混合耐力是一种介于有氧耐力和无氧耐力之间的特殊耐力,进行此类运动时,机体的有氧和无氧代谢同时参与供能。通常运动的持续时间长于无氧耐力而短于有氧耐力。如拳击、摔跤、跆拳道等都属于有氧和无氧混合耐力项目,这些项目的运动员要在平时采取各种手段与措施加强有氧与无氧混合耐力的训练,不断提升自身的混合耐力素质,否则就难以完成运动训练和比赛。

(三)按肌肉工作方式分类

按肌肉工作方式分类,可将耐力素质分为静力性耐力和动力性耐力两种。

1. 静力性耐力

机体在长时间的静力性肌肉工作中克服疲劳的能力为静力性耐力。这一耐力素质在射击、举重等项目中表现得非常突出。

2. 动力性耐力

机体在长时间的动力性肌肉工作中克服疲劳的能力为动力性耐力。这一耐力素质在滑雪、滑冰、游泳等项目表现得尤为突出。

(四)按身体活动分类

按身体活动分类可将人的耐力素质分为以下两种。

1. 身体部位的耐力

身体部位的耐力主要是机体的某一身体部位在进行长时间运动时,

克服疲劳的能力。如举重运动员进行长时间、高强度的力量训练，某些肌肉会出现酸胀、疼痛的感觉，如果继续训练，某些肌肉就容易出现疲劳现象，这种克服肌肉疲劳的能力表现，就是身体部位耐力水平的表现。需要注意的是，运动员在进行身体部位耐力训练时，一定要结合自身的实际合理调整运动负荷，否则会给身体带来不必要的运动伤害，得不偿失。

2. 全身的耐力

全身的耐力主要是整个身体机能在运动训练中克服疲劳的综合能力。它可以反映出运动者机体的综合耐力水平。如长跑、马拉松运动员等进行的耐力训练就属于全身耐力训练，这一训练内容要贯穿整个运动训练的始终。

（五）按运动项目耐力分类

1. 一般耐力

一般耐力指的是机体多肌群、多系统长时间工作的能力。对于任何运动项目而言，都需要一般耐力，这是重要的基础。对于不同的运动项目来说，各项目的特点对耐力素质的要求不同，因此，在进行一般耐力训练时，应充分考虑一般耐力与专项耐力之间的关系，有重点地进行训练。

2. 专项耐力

专项耐力是指为了获取专项成绩，运动员最大限度地动员机能的能力，克服专项负荷所产生的疲劳的能力。根据运动项目的不同，专项耐力呈现出不同的特点。如短跑项目的专项耐力需要保持较长时间高速度的速度能力；拳击、体操等专项耐力则需要有力量性的力量耐力和静力性耐力等。因此，不同的运动项目要具体分析。

三、影响耐力素质的因素

可以说，影响运动员耐力素质的因素有很多，如运动员训练和比赛中的心理耐受能力、运动器官持续工作的能力、能源物质的储存情况和长时间运动中氧代谢的能力以及掌握运动技术的熟练程度和功能节省化的水平等。这些都是影响运动员耐力素质的重要因素。

需要注意的是,除了以上因素外,最为主要的一个因素是运动员在长时间运动中所产生的疲劳,造成机体工作能力暂时性下降。这是一种正常的生理现象,机体进行长时间的工作,会使体内的能量物质大量消耗,在得不到及时补充的情况下,必然会产生一定的疲劳。但是,疲劳又是提高有机体工作能力所必需的,它是有机体机能恢复与提高的刺激物,没有疲劳的刺激,机体机能就不会得到提高。因此,提高耐力素质对体能的发展和人体克服疲劳能力非常重要。运动员在平时的体能训练中,要将耐力素质训练放在非常重要的位置,尤其是对于那些长跑运动员而言。

四、耐力素质发展的敏感期

在耐力素质的发展方面,男性与女性有着一定的区别,但区别不大。一般情况下,耐力素质发展的敏感期,男子在 10 ~ 20 岁,女子则在 9 ~ 18 岁。在这一年龄段,加强运动员的耐力素质训练具有重要的意义。决定运动员耐力素质的因素有很多,其中,有氧供能和无氧供能系统的机能状况是最为重要的因素,除此之外,还包括以下几个方面的要素。

（1）最大吸氧量。

（2）心脏循环率。

（3）肺的扩张能力。

（4）大脑血液循环的动力学特征。

（5）血液成分的机能状况等。

（一）有氧耐力

有氧耐力对于运动员身体素质的全面发展具有重要的意义,一般情况下,男子、女子在不同年龄阶段的有氧耐力指标增长幅度是不同的。

1. 男子有氧耐力指标

一般情况下,男子耐力素质指标的提高有两个高峰期,第一个高峰期在 10 ~ 13 岁,第二个增长高峰在 16 ~ 17 岁时,尤其是在男子 16 岁时,有氧耐力指标增长最快。

2.女子有氧耐力指标

一般情况下,女子在 9 ~ 12 岁时,有氧耐力指标才出现快速增长的现象。14 岁以后,有氧耐力水平呈现下降趋势,16 岁后下降得更为明显。

(二)无氧耐力

男子、女子在不同年龄阶段,其无氧耐力指标增长幅度也是不同的。把握这一特点及规律对于运动员的选材与训练具有重要的意义。

1.男子无氧耐力指标

通常情况下,男子在 10 ~ 20 岁无氧耐力水平呈逐年增加的趋势,并且分别在 10 岁时出现第一次增长高峰,在 13 岁时出现第二次增长高峰,在 17 岁时出现第三次增长高峰,在这一时期,一定要加强运动员的无氧耐力训练,从而有效提高运动员的无氧耐力水平。

2.女子无氧耐力指标

通常情况下,女子在 9 ~ 13 岁时,无氧耐力呈现出逐年递增的趋势,14 ~ 17 岁有所下降,无氧耐力水平的提升呈现出一定的下降趋势,一般来说,主要在女子 15 ~ 18 岁期间,加强其无氧耐力训练,能有效促进无氧耐力水平的提升。

总之,运动员的耐力训练应从有氧耐力入手,随着运动员年龄的不断增长,要加大无氧耐力训练的比例。但是在训练的过程中要把握有氧与无氧耐力训练的规律与特点,不能拔苗助长,要按部就班地进行训练。

第二节　耐力素质训练方法

一般情况下,耐力素质训练主要包括无氧耐力训练、有氧耐力训练和混合耐力训练等。本节重点阐述这几种耐力素质训练的方法。

一、无氧耐力训练

（一）高抬腿跑转加速跑

训练方法：运动员做好准备，行进间高抬腿跑20米左右转加速跑80米。反复练习5～8次，每次间歇2～4分钟。

训练强度：80%～85%。

（二）间歇接力跑

训练方法：4名练习者分成两组在跑道上相距200米，听口令起跑，每人跑200米交接棒。每名练习者重复8～10次。

训练强度：65%～70%。

（三）反复超赶跑

训练方法：选择合适的田径场跑道，10名练习者成纵队慢跑或中等速度跑，听口令后，排尾加速向排头跑。重复6～8次。

训练强度：65%～75%。

（四）反复起跑

训练方法：运动员采用站立式或蹲踞式姿势，起跑30～60米。每组3～4次，反复练习3～4组，一组两次之间间歇1分钟，两组之间间歇3分钟。

训练强度：65%～75%。

（五）计时跑

训练方法：一般情况下，可做短于专项距离的重复计时跑或长于专项距离的计时跑。重复4～8次，间歇3～5分钟。

训练强度：70%～90%。

（六）反复变向跑

训练方法：运动员在场地上听口令或看信号做向前、后、左、右的变向跑。变向跑的每一段落均为往返跑,每一段至少 50 米。每次练习 2 分钟,反复练习 3 ~ 5 次,间歇 3 ~ 5 分钟。

训练强度:65% ~ 70%。

（七）反复连续跑台阶

训练方法:运动员在每级高 20 厘米的楼梯上连续跑 30 ~ 40 步台阶,每步 2 级,动作不能间断。反复练习 6 次,间歇 5 分钟。

训练强度:65% ~ 70%。

（八）法特莱克跑

训练方法:运动员以不同的速度在场地上跑 3000 ~ 4000 米,在练习的过程中可以采用阶梯式变速方法进行练习。

训练强度:60% ~ 70%。

（九）水中短距离间歇游

训练方法:运动员进行 50 米、100 米或更长段落的反复,或不同距离组合的间歇游。3 ~ 4 次为 1 组,共重复 3 ~ 4 组,一组中每次间歇 2 ~ 3 分钟,每组之间间歇 10 分钟。

训练强度:60% ~ 70%。

（十）水中间歇高抬腿

训练方法:运动员在 40 ~ 50 厘米深的浅水中进行原地高抬腿练习,每组 100 次,重复 4 ~ 6 组,组间休息 3 分钟以恢复体力。

训练强度:60% ~ 65%。

（十一）游泳接力

训练方法:两名运动员相互配合做 50 米往返接力练习,可利用混合游泳的姿势进行练习。通常情况下,每人游 4 次为一组,重复 3 ~ 4 组,组间可以休息 5 ~ 8 分钟,然后继续进行练习。

训练强度:60% ~ 70%。

（十二）分段变速游泳

训练方法：运动员以 50 米为一段落进行变速游泳，每组 250 ～ 300 米，重复 4 ～ 5 组，组间休息 10 分钟。变速分为快速段落和放松段落两个部分。快速段落至少要达到最快速度的 70%，放松段落可以根据运动员的具体实际进行合理的调整。

训练强度：65% ～ 75%。

（十三）水中追逐游

训练方法：两名运动员相距 3 ～ 5 米同时出发做追逐游练习。两人必须采用相同的游进姿势。每次 50 米往返，重复练习 3 ～ 5 组，心率达 160 次 / 分钟以上。

训练强度：65% ～ 75%。

（十四）上下坡变速跑

训练方法：运动员可以在 7° ～ 10° 的斜坡跑道上做上坡加速快跑 100 ～ 120 米，下坡放松慢跑回起点。每组 4 ～ 6 次，重复 3 ～ 5 组，组间休息 10 分钟继续练习。

训练强度：65% ～ 75%。

（十五）两人追逐跑

训练方法：两名练习者一组，在跑道上相距 10 ～ 20 米。听口令后起跑，后面练习者追赶前面同伴，800 米内追上有效。休息 3 ～ 5 分钟，交换位置继续练习。重复练习 4 ～ 6 次。

训练强度：65% ～ 75%。

（十六）往返运球跑

训练方法：运动员在篮球场地上从一端线运球到另一端线，然后换手运球返回，往返 6 次为一组，练习 4 ～ 6 组，组间安排休息 2 分钟。

训练强度：60% ～ 75%。

（十七）跳绳跑

训练方法：运动员在跑道上做两臂正摇跳绳跑，每次跑200米，反复练习5～8次，每次间歇5分钟。要求每次结束时心率达160次/分钟，间歇恢复到120次/分钟以下时继续练习。

训练强度：60%～70%。

（十八）双脚或两脚交替跳藤圈

训练方法：运动员两手握藤圈，原地双脚连续跳藤圈或双脚交替连续跳。双脚跳每组50～60次，交替跳每组100次，各重复4～5组，组间安排3分钟休息时间。

训练强度：50%～60%。

二、有氧耐力训练

（一）变速跑

有氧耐力训练的变速跑要在场地上进行。一般来说，主要包括快跑段、慢跑段两种距离。通常情况下，以400米、600米、800米、1000米等段落进行，运动员也可以根据自己的具体实际进行合理的调整和选择。如运动员可以采用200米慢跑变速为600米快跑的形式进行有氧耐力的练习。

（二）定时走

一般情况下，运动员可以在场地、公路或其他自然环境中按规定时间做自然走或稍快些自然走。通常走30分钟左右即可。

（三）定时跑

运动员还可以在场地、公路或树林中做10～20分钟或更长时间的定时跑。耐力素质较好的运动员可以依据自己的具体实际调整定时跑的时间。

（四）定时定距跑

运动员可以在场地或公路上做定时跑完固定距离的练习。如要求在 14 ~ 20 分钟内跑 3600 ~ 4600 米。

（五）重复跑

可以选择在一块平坦的场地上或跑道上进行练习,重复跑的距离、次数与强度也应根据专项任务与要求而定。发展有氧耐力重复跑强度不应太大,跑距应较长些。一般重复跑距为 600 米、800 米、1000 米、1200 米等。

（六）大步走、交叉步走或竞走

运动员可以在场地、公路或其他自然环境中做大步快走,交叉步走或几种走交替进行。每组大约 1000 米,做 4 ~ 6 组,反复进行练习。

（七）越野跑

可以在公路、树林、草地、山坡等场地进行越野跑的练习。对越野跑的距离没有什么硬性的距离要求,通常在 4000 米以上,运动员可以根据自己的具体实际进行适当的调整,运动水平较高的运动员通常能跑10000 ~ 20000 米。

（八）沙地竞走

运动员还可以在海滩沙地上做竞走练习,一般情况下,每组500 ~ 1000 米,练习 4 ~ 5 组,反复进行练习。

（九）竞走追逐

运动员可以选择在田径跑道上做竞走追逐的练习,两人前后相距10 米,听口令开始竞走,后者追赶前者,每组 400 ~ 600 米,练习 4 ~ 6组。在练习的过程中,运动员的竞走姿势必须要标准,分组练习结束后再做放松慢跑的练习,以促进机体疲劳的恢复。

（十）沙地连续走或负重走

运动员也可以在海滩沙地徒手快走或负重（杠铃杆或背人）走。徒手快走每组 400 ~ 800 米，负重走每组 200 米。

（十一）水中定时游

运动员可以不规定游泳姿势及速度，在水中游一段时间，可以采用 15 分钟游、20 分钟游等练习方式。运动员要不间断地游，不能停留太长的时间。

（十二）连续踩水

运动员可以选择在游泳池深水区做踩水练习，在练习时，运动员将手臂露出水面做连续的踩水练习。也可以加大难度，将肩部露出水面做踩水练习。

（十三）水中快走或大步走

运动员可以在深 30 ~ 40 厘米的浅水池中，做快速走或大步走练习，每组 200 ~ 300 米或 100 ~ 150 步，练习 4 ~ 5 组，反复进行练习。

（十四）3 分钟以上跳绳或跳绳跑

运动员可以选择在田径跑道上做两臂正摇原地跳绳 3 分钟或跳绳跑 2 分钟练习。具体的练习要求为心率保持在 140 ~ 150 次 / 分钟，在一定的休息之后，恢复至 120 次 / 分钟以下时再进行接下来的练习。

（十五）登山游戏或比赛

运动员在山脚下听口令起动，规定山上终点的标记，可以自选路线登山或规定路线登山，可进行登山比赛或途中安排些游戏，如埋些"地雷"，规定各队要找出几个"地雷"后集体到达终点，早到达终点者为胜等。

（十六）5 分钟运球跑

运动员可以单手或双手交替运球跑动 5 分钟。不间断地进行练习，练习过程中要保持一定的距离。

（十七）长时间划船

运动员可以选择连续不间断地做 20 分钟以上的划船练习。

（十八）长时间滑雪、滑冰

运动员可以连续不间断地进行 15 分钟以上的滑雪及滑冰活动练习。

（十九）5 分钟以上的循环练习

运动员可以根据运动专项选择 8 ～ 10 个练习，组成一套循环练习，反复循环进行 5 分钟以上。3 ～ 5 组，组间歇 5 ～ 10 分钟。心率在活动结束时控制在 140 ～ 160 次/分钟左右，休息恢复到 120 次/分钟以下，开始下一组练习。一般情况下，强度应控制在 40%～ 60%。

第三节　耐力素质训练的注意事项

一、注意呼吸的节奏与动作相一致

呼吸的作用在于有效摄取耐力练习时有机体所需要的氧气。在训练过程中，当运动员进行中等负荷耐力练习时，会出现每分钟耗氧量与氧供给量之间的不平衡，如果不及时进行处理，久而久之就会出现不平衡现象。因此，散打运动员的耐力训练一定要注意呼吸的节奏与节奏的合理把握。在具体的耐力素质训练中，运动员以适当加深呼吸深度为主的供氧能力训练。与此同时，散打运动员还应注意呼吸节奏与动作节奏的密切配合，只有如此才能使得运动员耐力训练具有一致性，使呼吸与动作协调。

二、注意对体重进行适当控制

在运动员的专项耐力训练中,还要结合运动项目的特点适当控制运动员的体重。因此如果人体肌肉中脂肪过多,就会增大肌肉的阻力,摄氧量会出现一定的下降。在这样的情况下,运动员机体会消耗大量的能量,不利于耐力素质的发展和提高。需要注意的是,有很多项目都对运动员的体重有着一定的要求,如体操、拳击等运动项目,长期进行这些项目的训练,需要控制一定的体重,如此才能取得理想的训练效果。

三、注意消除运动疲劳和恢复机能

由于运动员耐力训练的时间都比较长,因此会消耗机体大量的能量,在这样的情况下,必须要及时合理地补充能量,如此机体才能更快地恢复及获得超量能源的储备。在充足的能量储备下,下一次的训练才能安全和有效。尤其是对于一些耐力性项目的运动员而言,合理及时地补充能量极为重要,这直接影响到耐力训练的效果。另外,在训练的过程中,还要注意运动疲劳的恢复,可以采用生物学、营养学、心理学等方面的恢复方法,促进机体的有效恢复。

四、注意做好耐力训练过程中的医务监督

运动员进行长时间的耐力素质训练会消耗大量的体能,在这样的情况下,身体各系统机能就会受到一定的影响。如果在身体条件欠佳和能量不足的情况下继续参加训练,人体各系统功能就容易受到损害。因此,为避免这种情况,就需要加强医务监督工作,这是一项非常重要的工作。

运动员耐力训练的医务监督,主要包括机能评定与运动员负荷安排的承受情况。运动员的机能评定应包括血压、心率和自我感觉等内容;运动员负荷安排的承受情况则主要通过运动员的技术动作变异程度、面部表情变化等来确定。通过运动员耐力训练,医务监督工作的开展能有效地避免运动损伤,保证运动员训练中的安全。

五、注意遵循体能训练的基本原则

运动员的耐力素质训练不是盲目的,在进行训练的过程中要根据他们的生长发育特点与规律合理选择适宜的训练手段。有很多的运动员并没有从小就接触训练,其身体素质并不高,因此在进行耐力训练时就需要遵循以下基本原则。

(1)在合适的时机培养和提高运动员的专门性耐力训练水平。

(2)周期性原则。运动员的耐力素质训练呈现出鲜明的周期性特征,因此一定要遵循运动训练的周期性原则。

(3)一致性和协调性原则。运动员的专项耐力训练要与一般耐力训练相结合,二者要获得协调一致的发展。

(4)针对性和持续性原则。运动员的耐力素质训练要有针对性,同时还要保持持续性,这样才能获得理想的训练效果。

(5)控制性原则。运动员耐力素质的培养与训练,需要高效率的控制,只有如此才能获得理想的训练效果。

六、注意选择科学、合理的饮食结构

运动员在进行耐力素质训练时,除了注意运动安全外,还要摄入充足的营养。只有如此才能保证运动员在训练中对能量的需求。因此,在平时的生活与训练中,运动员要建立一个正确的饮食结构,饮食结构要合理,能满足身体机能对高碳水化合物、蛋白质、维生素等营养物质的需要。

七、注意有意识地培养意志品质

耐力素质的训练是非常枯燥无味的,没有一个良好的意志品质,运动员是很难坚持下去的。因此,加强运动员意志品质的培养与训练是十分重要的。在培养运动员意志品质的过程中,要注意运动员运动负荷的合理安排,不能为了锻炼运动员的意志品质而盲目地加大运动负荷,这是不科学的,容易给运动员带来不必要的伤害。

第四节　案例分析

一、武术套路的耐力训练

（一）武术套路耐力训练的方法

武术套路的耐力训练方法有很多，运动员在进行专项耐力训练时，要采用不同的训练方法进行，这样才能获得理想的训练效果。

1. 重复训练法

重复训练是武术套路耐力训练常用的一种方法，运动员通过反复不断地训练，能极大地提升自身的耐力水平。如重复分段整套超套训练等。利用重复训练法进行训练，能有效提高运动员技术动作和套路的熟练程度，还能有效地提高自身的专项耐力素质。需要注意的是，运动员在进行训练的过程中，要合理掌握间歇的时间，不能盲目进行，伴随着训练次数的增加，训练水平会逐步提升。重复训练需要消耗运动员大量的能量，因此还要做好充分的能量储备，以满足机体所需。

2. 间歇训练法

间歇法属于一种严格控制练习间歇时间的训练法，指的是在运动员机体未完全恢复的情况下就进行下一次练习。如：练习 1/2 套或 3/4 套，间歇 1 分钟后再做第二次练习，练习四次左右为一组，一次练习可以安排 3 组左右，这一训练方法有一定的好处，除了能提高武术套路运动员的动作准确性外，还能增加运动员的血乳酸含量，发展无氧糖酵解能力，如此能有效地提高运动员的专项耐力水平。

3. 模拟比赛法

模拟训练指的是采用比赛的形式和要求进行专项练习，负荷量以根据强度完成练习为主。在这一训练法的应用下，套路运动员能很好地发展自己的专项耐力水平，激发运动员训练的积极性，同时还能培养和提高运动员的心理品质，促进其综合素质的提高。

4.超套练习法

超套练习法指的是将超过整套的武术套路串联起来进行练习的方法。例如,在整套的基础上再加1段,加2段,加3段或加整套进行练习。这一训练法的运动负荷较大,能有效地提高运动员武术套路整套练习的耐力水平,但是要注意合理安排练习的时间和强度,以免发生运动损伤。

5.静力张紧训练法

静力张紧训练属于一种技术动作练习的方法。这一训练方法在目标上与人体肌肉控制有着一定的关系,在形式上则是目标肌肉长时间的收缩练习,经常利用这一训练方法进行训练能有效提升人体肌肉群的耐力水平。如武术套路运动员的站桩或平衡练习就可以采用这一训练方法,通常能获得不错的训练效果。

(二)武术套路耐力训练的建议

(1)武术套路运动员要根据武术套路的特点与运动规律,采用合适的训练手段进行训练,通常情况下,对于那些运动水平较高的运动员而言,应以无氧代谢为主,采用较大强度的运动负荷,适宜采用间歇训练法,以有效地提高运动员的无氧代谢水平,提升运动员的耐力素质。[①]这对于运动员进行套路的演练具有重要的帮助。

(2)一般情况下,体能训练的过程都是比较枯燥乏味的,在长时间的训练中,运动员会感到乏味。因此为有效激发运动员耐力训练的积极性,提高其专业耐力素质,应将耐力训练与专项技术训练结合起来进行,多采用一些游戏训练的方法,这样能促使运动员积极主动地训练,从而提高训练的质量和效果。

(3)运动员在进行耐力素质训练时,要将传统的武术套路耐力训练与专项耐力训练结合起来进行。在具体的训练中,运动员要根据运动技术的基本特点和原则,确定与安排良好的训练负荷,以保证理想的训练效果,同时还能预防运动损伤。

---

① 董小强,李业幸.武术套路运动中耐力训练的研究[J].桂林航天工业学院学报,2014,19(03):313-316.

二、武术散打的耐力训练

（一）提高武术散打运动员耐力素质的训练方案

1. 训练强度

一般来说，散打运动员的训练强度不应低于散打比赛的强度，这样才能获得理想的训练效果。散打比赛一般都是非常激烈的，有着很高的运动负荷，比赛后运动员的即刻心率平均在 180 次／分以上，这种强度可以说是已接近极限强度。因此，散打运动员在进行耐力训练时，一定要加大训练强度，训练强度要接近或高于比赛强度。在这样的训练情境下，运动员的神经系统会留下一定的"痕迹效应"，无论是身体还是心理都会产生一定的适应性变化，这种适应性变化能很好地帮助运动员去快速适应真实的比赛环境，从而获得理想的训练效果，有利于获得比赛的胜利。[①]

2. 训练手段

要想有效地提高散打运动员的专项耐力水平，就需要尽可能地采用专项训练手段进行，影子训练、踢打混合靶实等都是不错的训练手段。

打拳：一般情况下，一次打拳 200 次至 500 次。在具体的训练中，可先进行快速打拳，再进行中、慢速度练习，待适应后可采用负重练习。踢腿一次踢 50 ~ 100 次，如果体力不支，可以借助一定的器械进行练习。

3. 训练持续时间

散打属于一项技能主导类项目，技能在运动员的全面素质体系中占据着非常重要的地位，但是散打比赛对运动员的消耗也是比较大的，需要运动员具备良好的耐力素质，因此，进行专项耐力训练是非常有必要的。在每天的训练中，要注意安排长时间的专项对抗练习，对抗练习的强度要与比赛相接近或高于比赛强度，这样才能帮助运动员建立适应性变化，促使有机体快速适应比赛。

---

① 刘国峰，银小芹.浅析武术散打运动员专项耐力训练 [J].中华武术（研究），2011，1（04）：53-54.

一般情况下,人体产生乳酸的时间大约是机体处于剧烈活动的 30 秒以后,因此持续训练时间应超过 30 秒,这样才能促使体内的乳酸产生堆积,从而使机体的抗乳酸能力和无氧供能能力得到提高。一般情况下,散打比赛每局的时间为 2 分钟,因此在进行无氧耐力训练时,每组持续时间应控制在 40 秒 ～ 2 分钟,运动员也可以依据自身的具体实际进行合理的调整,但尽量保持在这一范围内。

4.训练组数

对于经验丰富、高水平运动员而言,每次专项耐力练习不多于 3 ～ 4 组;水平较低的运动员通常情况下为 2 ～ 3 组,更高水平的运动员可以练习 4 ～ 6 组。运动员要对自身做好客观准确的评估,这样才能采取合适的运动负荷进行练习,从而获得理想的训练效果。

5.间歇时间

一般情况下,散打运动员专项耐力训练的间歇时间可以用脉搏变量来确定。需要注意的是,间歇时间的确定一定要合理,不能过长或过短,过长会难以获得理想的效果;过短则会加重运动员机体的负荷,容易导致运动损伤。为保证运动训练的效果,我们可以将间歇时间设定为 1 分钟,运动员可以依据自身的实际进行合理的调整。

6.间歇方式

对于那些初次参加比赛的运动员而言,他们通常都会显得比较紧张,神经系统在很长时间里处于一个兴奋状态,短时间内很难集中精力投入到比赛中。为改变这一不良的比赛情况,运动员可以在平时的训练中进行间歇性休息的方式来放松自己的身心,如此能在一定程度上提升自己的心理品质,有利于比赛的顺利进行。

(二)武术散打运动员耐力训练的注意事项

1.循序渐进,区别对待

散打运动员专项耐力素质的提高不是一时一日而成的,需要循序渐进、按部就班地进行训练。不能单纯地为了促进耐力素质的提高而采用不合理的训练手段与方法,否则非但不能获得应有的训练效果,甚至还可能会导致运动损伤。除此之外,武术散打运动员的耐力训练还要遵循因人而异、循序渐进的基本原则，依据运动员的身体条件和运动水平合理地调整运动负荷。

2. 重视协调放松能力的训练

作为一名出色的散打运动员，还必须要具备良好的对抗能力，这一能力是通过大量的训练习得的。为促进这一能力的提升，运动员要在平时加强肌肉协调和放松能力的训练，在这样的前提下，运动员所做出的动作既准确，又省力，通常能获得很好的训练效果。一般来说，运动员肌肉的协调和放松能力越好，就越能更经济地使用和尽快地大量补充能量物质，这对于运动员耐力素质的发展是非常有帮助的。

3. 注意发展力量耐力

速度耐力是散打运动员所应具备的重要耐力素质，因此一定要在平时加强速度耐力的训练，除此之外，散打运动员在比赛中也会频繁用到蹬、跳等基本动作，会涉及机体臂部、腿部、腰腹部等部位的力量耐力，因此加强运动员的力量耐力训练也是十分重要的。

4. 加强运动员意志品质的培养与训练

散打运动员的专项耐力训练是枯燥无味的，在长时间的训练中，运动员的心理都会出现一定的厌烦情绪，久而久之就会对其训练水平的提升产生不利的影响。因此，还要加强运动员意志品质的培养与训练，只有在良好的意志品质下，运动员才能自觉刻苦地参加运动训练，这对于运动员专项耐力水平的提高具有重要的意义。

第七章 柔韧与协调素质训练方法的设计

柔韧素质和协调素质是体能的重要组成部分,柔韧素质能够控制肌肉的收缩与放松,为动作提供良好的动力,促进身体协调能力和动作效果的提升。协调素质是身体活动的协调能力,是将各种身体素质整合起来形成运动能力的重要基础条件,是体能乃至竞技能力中不可或缺的一部分。柔韧素质与协调素质密切相关,相辅相成,在体能训练中要考虑两者的联系,产生正迁移的效果。本章重点研究柔韧素质与协调素质的训练方法,首先简要阐述这两项身体素质的基本理论;其次重点研究两者的训练方法设计;再次提出在柔韧与协调素质训练中应该注意的事项;最后以武术为例分析武术运动的柔韧和协调专项训练方法。

第一节 柔韧与协调素质概述

一、柔韧素质基本理论

(一)柔韧素质的概念

柔韧素质指的是人体各个关节的活动幅度以及肌肉、肌腱和韧带等软组织的伸展能力。人体各关节活动幅度加大以及软组织在较大范围内灵活伸展有助于人体更好地支配技术动作,提升动作的舒展度和美感,并起到预防损伤的效果。

(二)柔韧素质的分类

1. 一般柔韧素质与专项柔韧素质

这是依据柔韧素质与专项的关系划分的类型。

一般柔韧素质包括满足人体的肌肉、韧带、肌腱的一般性活动幅度和伸展能力。

专项柔韧素质是指进行一定强度的体育锻炼时所必备的柔韧素质。

2. 静力性柔韧素质与动力性柔韧素质

这是依据柔韧素质外部运动状态的表现划分的。

静力性柔韧指肌肉、肌腱、韧带根据静力性技术动作的具体需要,拉伸到动作所要求的位置角度,控制其停留一定时间所表现出来的能力。

动力性柔韧素质是指肌肉、肌腱、韧带根据动力性工作的具体需要,被拉伸到解剖穴位上的最大控制范围,随即利用强有力的弹性回缩力来完成动作所表现出来的能力。[①]

（三）柔韧素质的作用

不管是个人项目的运动员还是集体项目的运动员,通过柔韧素质练习都能获得很大的益处。柔韧素质的作用具体体现在以下几个方面。

（1）柔韧练习的主要方法是拉伸,拉伸训练的强度一般是最大用力的30%,长期的拉伸练习有助于促进运动员爆发力的增强,也能使运动员在训练和比赛中预防损伤。

（2）力量、速度和耐力这三大身体素质在任何运动项目中都是非常重要的,是所有运动员都必须具备的三大基本体能素质,而运动员运用这些素质的熟练度和运用效果一定程度上是由其柔韧性所决定的。

（3）柔韧素质也会影响速度的提升,在速度类项目中,柔韧素质好的运动员不仅能够很好地控制动作,还能在增加动作幅度的同时产生加速度,快速完成动作。

（4）在爆发力和耐力主导类项目中,良好的柔韧性能够帮助运动员节省体力和能量,提高动作的经济性,延缓运动疲劳的出现时间。

（5）柔韧素质与协调能力也息息相关,良好的柔韧性对协调能力的提升具有积极影响。

（6）柔韧素质对动作质量的影响是显而易见的,柔韧性好的运动员完成动作的质量更高,动作更优美,有很大的观赏价值。

---

① 张英波.现代体能训练方法[M].北京:北京体育大学出版社,2006.

二、协调素质基本理论

（一）协调素质的概念

协调素质是指为完成特定的动作，达到一定的运动目的，身体各器官系统与运动部位协同配合工作的能力。

协调素质是综合性运动素质，其包含复杂的活动，为便于理解，可将这一复杂活动概括为大脑预测与评价输入的信息，并做出调整与反应。我们可以通过运动神经学习原理来理解协调性活动。运动神经学习程序如下：

（1）感官接收器收到来自肌肉运动的刺激。

（2）感官接收器向信息处理器——中枢神经系统传送信息。

（3）中枢神经系统执行工作，对接收的信息进行调整与改善。

（4）中枢神经系统通过运动神经通路向相应的肌肉传递信息，使肌肉顺利进入工作状态。[①]

在运动神经学习的整个过程中，任何层面只要受到内外因素的刺激，学习结果都会受到影响，因此研究运动神经学习原理有一定的难度。运动神经学习过程也可以被看作是动作行为的一系列变化过程，这一变化具有系统性，先获得技能，然后完美表现动作技能。在动作技能学习中，如果感觉有难度，不理解学习过程，可以先把程序明确下来，如图7-1所示。

（二）协调素质的表现形式

运动能力由两部分组成，一是运动表现能力，二是运动协调能力。运动表现能力指的是运动员在运动训练或比赛中以特定的动作规范参考而表现出来的动作情感、动作效果等影响运动成绩的各种决定性因素。运动表现能力综合反映了运动员的竞技状态和能量释放程度。协调能力主要指的是运动员竞技能力的各组成要素及体能各系统在各自发展水平的基础上相互联系以取得理想运动成绩的配合能力。运动表现能力和运动协调能力是运动能力的两个重要组成部分，它们共同形成了整体的运动能力。但运动表现能力和运动协调能力作为运动能力的两个子能力本身就具有高度的综合性，运动表现能力是身体素质和机能的外在表现，运动协调能力是内在神经系统的基础工作形式，二者密不

[①]　［美］Bill Foran.高水平竞技体能训练［M］.袁守龙，刘爱杰，译.北京：北京体育大学出版社，2006.

可分。人的运动表现之所以不同于机器人,主要是因为人在一定的运动环境或情境下,其自身的心理、智能、情感等影响着竞技能力的发挥,而且这些因素所产生的影响是相互关联的,具有明显的统一性。在竞技能力的发展中,协调素质的功能与价值主要表现为渲染功能、整合功能以及强化功能。

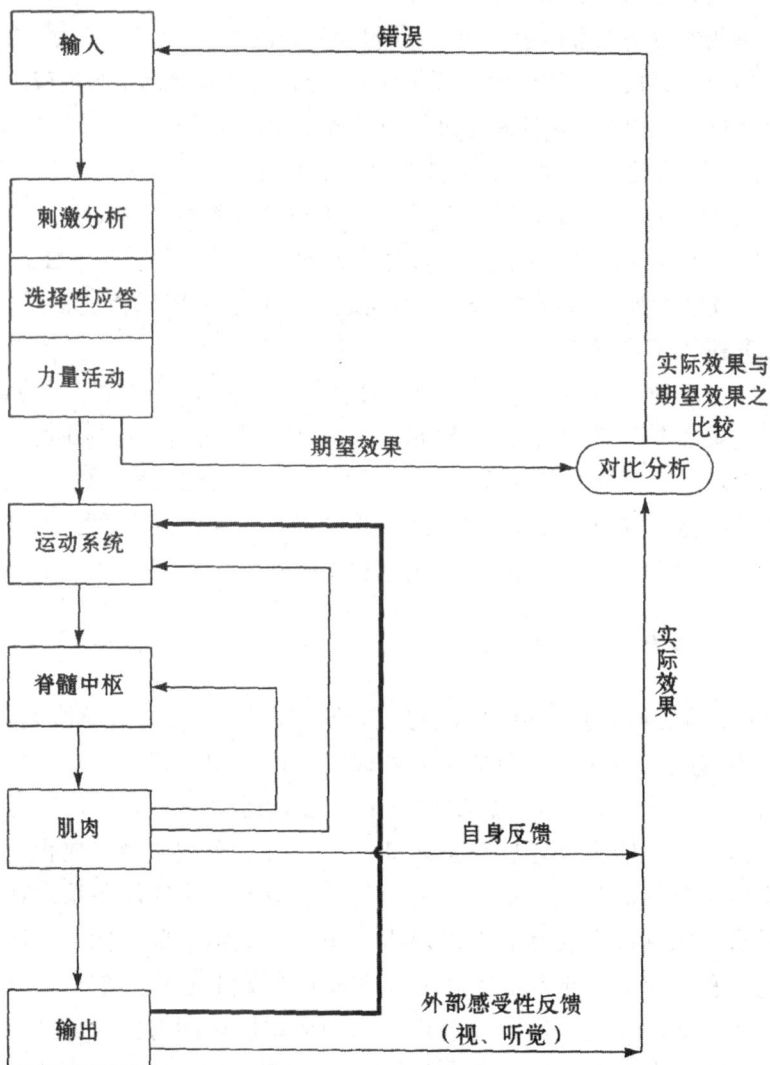

图 7-1　动作学习过程[①]

---

① ［美］Bill Foran.高水平竞技体能训练[M].袁守龙,刘爱杰,译.北京:北京体育大学出版社,2006.

运动员的竞技能力体系较为复杂,运动能力系统包含很多复杂的因素,所以有学者指出将运动能力分为运动表现力和运动协调力缺乏科学的理论依据,而且这种分法存在缺陷。这是必须要承认的,但是对运动能力做这样的划分,能够对一些关于竞技能力的问题做出较为合理的解释,而且在特定的问题情境中这不失为一种可参考的解决问题的思路。

（三）协调素质的作用

1. 协调素质对训练的影响

提高竞技能力,取得理想的运动成绩,这是运动训练的最终目的,要实现该目的,就要在训练中将影响竞技能力和运动成绩的各个方面的积极元素协调起来。影响运动成绩的很多竞技能力组成因素都是受协调素质所支配的。从主客体的关系来看,在一场竞技比赛中,主体是运动员,客体是对手和裁判,比赛环境影响主客体的表现,影响运动成绩。随着科学技术在竞技比赛裁判中的普遍运用以及运动训练科学化发展水平的提升,客体对主体的影响主要在竞技能力方面集中体现出来,主客体的竞技能力差距决定了各自的成败。参赛主体要取得比赛的成功,取得满意的成绩,就要努力将影响自身运动成绩的各方面因素协调起来,不断整合与完善。运动员在日常训练中,要从多个角度和不同方位出发使自身的整体竞技能力得到发展与提升。构建运动训练体系并调整与完善该体系的过程和效果受到训练过程中各种反馈信息的影响。提高运动员的竞技能力是运动训练最直接的目标,在该目标的引导下,要合理安排运动训练的每个步骤与环节,使运动员在训练初期从自身竞技能力的初始状态到训练结束后达到理想的竞技能力目标状态,在整个训练过程中,要对运动员的训练情况和竞技水平进行过程性评价,根据评价结果对运动员的训练状态进行调整,通过这种科学的规划与安排,要使竞技能力的各组成要素、构件达到高度默契和协调配合的状态,这种配合主要从时空关系和逻辑关系中体现出来。此外,在运动训练中还要基于相关学科理论基础的指导而探索与设计丰富多彩的训练方法,并对更多的训练规律和竞技能力发展规律进行探索。总之,运动训练的过程也是促进运动员竞技能力各组成要素协调发展的过程,训练安排是否科学合理,训练体系是否完备,能够从训练结束后运动员竞技能力各要素协调程度中体现出来。因此,要在协调理念下科学配置和有机整合各种有利要素与资源,使运动员的竞技能力达到理想状态,使训练效益达到最大化。

2.协调素质加强了竞技能力各要素的内部联系

竞技能力的组成要素包括体能、技战术能力、运动心理能力和运动智能,这些组成要素的表现形式各异,各自发挥着不同的重要作用。运动员在专项竞技训练和比赛过程中能够综合表现出自身这些方面的能力,运动员的体能、技战术能力和运动心智共同决定了其参赛能力。反映运动员竞技能力构成。共性的竞技能力结构模型的建立是以竞技能力各组成要素相互作用、相互联系的具体特性和功能为依据的,该模型抽象概括与归纳总结了运动员的竞技能力结构,是对运动员竞技能力各组成要素之间相互作用的根本特征及表现形式的整体反映。为了满足比赛需要和取得优异的比赛成绩,要依据科学原理将各种子能力如体能、技能、心智能按照一定的标准有机地协调起来,并将各种子能力置于动态的人体运动系统中考量相互关系和相互作用方式。不同运动项目的运动员,其竞技能力虽然都是由上述几个因素组成的,但是各项子能力的特征以及发挥的作用有区别,层次性鲜明,而位于基础层次的是协调素质,这一基础素质具有潜在的整合价值,成为其他竞技能力因素相互作用与有机整合而构成竞技能力系统的基础条件。[①]

竞技能力结构模型本身是一种抽象的、范式的理论模型,虽然科学,但也存在一定的局限。在这一模型下,竞技目标是确定的,在目标的指引、驱动以及支配下最大限度地提升各项竞技能力并优化各项能力的关系,使其在特定竞技环境下达到高度协调状态,能够最有效地相互协作,以提高参赛能力。运动员机体系统集成功能集中体现在其竞技能力结构上。从解剖学的一般原理来看,机体各大系统相互协调配合,构成一个有机的人体大系统,在这个基础上才能探讨竞技能力的形成。在运动训练中,要使机体各大系统和竞技能力的各要素密切配合。与竞技能力理论有紧密联系的人体系统较多,但最密切的当属运动系统和神经系统,在机体各大系统中,居于主导的正是神经系统。所以,在运动训练中要依据生理学尤其是运动生理学的观点,从理论状态下对竞技能力各子能力的动态联系进行探索,既包括竞技能力结构抽象层面的探索,也包

---

① 李晓通.试论协调素质在运动员竞技能力发展中的价值[J].文体用品与科技,2018(18):21-22.

括机体系统具体层面的探索,经过科学探索对竞技能力结构系统加以构建,并不断加以修正与完善。这是运动训练学专家和教练员的重要工作内容。总之,运动员竞技能力水平由各项子能力的协同工作能力以及机体相关系统的协同发展水平所决定,因此要尽可能保证竞技能力各个构件之间保持协调状态,并遵循各构件协调发展的规律而进行运动训练,以有效提高运动员的竞技能力。

第二节　柔韧与协调素质训练方法

一、柔韧素质训练方法

(一)颈部拉伸

(1)在椅子上坐好,背挺直,后脑勺、耳朵、肩膀位于一条垂直线上。
(2)一只手臂向斜前方伸展抓住异侧椅子前端。
(3)头轻轻地向左侧倾斜,还原并向右侧倾斜。
(4)持续练习1分钟。
(5)另一只手臂向斜前方伸展抓住椅子另一侧的前端,并按上述方法练习1分钟。
　　两侧交替练习。

图 7-2　颈部拉伸 [1]

---

[1]　[美]Bill Foran.高水平竞技体能训练[M].袁守龙,刘爱杰,译.北京:北京体育大学出版社,2006.

（二）肩部拉伸

（1）侧对门框,两脚开立。

（2）伸展右臂,与腰齐高。

（3）右前臂转动至手指将门框边缘抓住。

（4）向左转体,持续拉伸1分钟。

（5）慢慢还原、放松。

（6）身体左侧侧对门框,伸展左臂,按上述方法练习。

两侧交替练习。

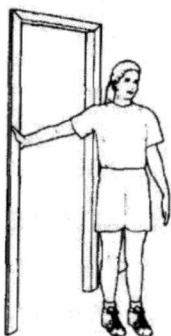

图7-3　肩部拉伸[①]

（三）背部拉伸

1. 上背部拉伸

（1）在椅子上坐好,身体放松。

（2）一只手臂经体前搭在异侧肩上,另一侧手臂体前屈搭手臂的肘部,持续拉伸1分钟。

（3）换另一只手臂搭在异侧肩膀上,按上述方法练习,同样持续拉伸1分组。

两侧交替练习。

注意两脚在地上位置不变,背部始终处于挺直状态。

---

① 〔美〕Bill Foran.高水平竞技体能训练 [M].袁守龙,刘爱杰,译.北京:北京体育大学出版社,2006.

图 7-4　上背部拉伸 [1]

2. 后背中部拉伸

（1）坐在垫子上，上体挺直，一腿贴地伸直，一腿屈膝交叉在伸直腿外侧。

（2）与伸直腿同侧手臂的肘放在屈膝腿膝盖上，另一侧手伸展支撑于地面。

（3）放在屈膝腿膝盖处的肘用力推屈膝腿，使上肢与屈膝腿分开一定距离，上体顺势向一侧扭转，持续拉伸 1 分钟。

（4）另一条腿屈膝，向另一侧扭转拉伸，方法同上。

两侧交替练习。

3. 下背部拉伸

（1）在垫子上仰卧，头枕在枕头上。

（2）两腿向同一侧屈膝上抬靠近胸部，直至大小腿垂直。

（3）肩膀始终在地面上固定不动，保持拉伸姿势 1 分钟。

（4）两腿伸展放松，再次屈膝向另一侧拉伸。

（5）两侧交替练习。

（四）大腿拉伸

1. 大腿前侧拉伸

（1）两脚开立，一侧腿屈膝下跪，保持膝关节弯曲 90 度，另一侧腿

---

① ［美］Bill Foran.高水平竞技体能训练［M］.袁守龙，刘爱杰，译.北京：北京体育大学出版社，2006.

屈膝至大腿平行地面,保持骨盆与髋处于平直状态。

(2)身体下压,前腿膝关节角度不变,髋关节异侧腿有明显的拉伸感。

(3)持续拉伸1分钟。

(4)下跪腿屈膝,大腿平行地面,另一侧腿屈膝跪地,膝关节弯曲约90度,然后按同样的方法练习。

(5)两腿交替练习。注意上身始终挺直不动,不能前俯后仰。

2. 大腿后侧拉伸

(1)在垫子上仰卧,将枕头垫在头下,整个身体面向一道门。

(2)臀部完全贴在地上。

(3)一条腿举起放在墙上,充分拉伸,但不必一定要伸直,伸展到最大限度即可。

(4)另一腿伸向门柱,若有不适感,可将一个枕头或其他软物垫在膝关节下。

(5)持续拉伸1分钟。

(6)伸向门柱的腿蹬墙,蹬墙腿伸向门柱,继续按上述方法练习。

两腿交替练习。

3. 大腿中部拉伸

(1)背对着墙做在垫子上,两脚脚外侧着地,脚底并在一起,双膝向下压,但不要勉强,使腹股沟部位有明显的拉伸感。

(2)背部保持挺直状态,不要塌腰。

(3)持续拉伸1分钟,然后放松1分钟。

重复练习。

4. 大腿侧面拉伸

(1)在垫子上仰卧,将枕头垫在头下。

(2)分开两腿,臀、盆骨完全着地。

(3)一条腿屈膝抬起,膝关节向腹部靠近,脚落在另一侧腿膝关节上方。

(4)抬起腿向异侧移动直至与身体基本垂直,臀部不离地。

(5)屈膝腿异侧手放在屈膝腿膝盖处轻轻拉伸,注意不能用蛮力强迫拉伸。

（6）持续 1 分钟,换另一侧腿按上述方法继续练习。

两腿交替练习。

图 7-5　大腿侧面拉伸 [1]

（五）小腿拉伸

1. 小腿前侧拉伸

（1）在椅子上坐好,一腿屈膝抬起放在支撑腿大腿上,脚踝位于支撑腿的膝盖外缘。

（2）支撑腿同侧手将屈膝腿脚尖外侧抓住,向同侧拉,使小腿有明显的拉伸感。

（3）持续拉伸 1 分钟。

（4）屈膝腿落地成为支撑腿,之前的支撑腿屈膝抬起放在另一侧腿的大腿上,按上述同样的方法进行练习,同样持续拉伸 1 分钟。

（5）两腿交替练习。

2. 小腿后侧拉伸

（1）在椅子上坐好,两脚分开。

（2）将 8 ~ 12 厘米厚的书放在脚的正前方。

（3）左脚的脚掌踏在书上。

（4）轻微拉伸小腿部位。

（5）持续 1 分钟。

（6）左脚落地,右脚脚掌放在书上,脚跟着地,轻微拉伸右腿小腿部位。

---

[1]　[美]Bill Foran.高水平竞技体能训练[M].袁守龙，刘爱杰，译.北京:北京体育大学出版社,2006.

两侧交替练习。

图 7-6　小腿前侧拉伸[1]

（六）臀部拉伸

（1）在垫子上仰卧，整个身体面向墙，将枕头垫在头下。

（2）两脚分开，右侧腿抬起置于墙上，并屈膝至大小腿垂直。左侧腿举起放在右腿上，膝、踝关节超过右侧腿的膝盖。

（3）髋和骨盆始终在地上。体会臀部左侧的拉伸感。

（4）持续 1 分钟。

（5）抬起放在墙上，右腿举起放在左腿上，按上述方法重复练习。

两腿交替练习。

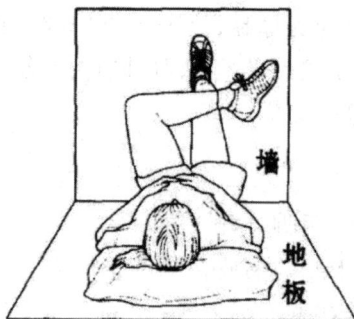

图 7-7　臀部拉伸[2]

---

① ［美］Bill Foran.高水平竞技体能训练［M］.袁守龙，刘爱杰，译.北京：北京体育大学出版社，2006.
② 同上。

（七）肩关节柔韧训练

1. 向内拉肩

站姿，一侧手臂肘关节抬到齐肩高，屈肘与另一臂交叉。另一臂抬到齐肩高将对侧肘关节抓住，呼气，向后拉，保持片刻（图 7-8 ）。

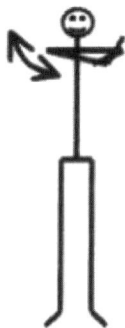

图 7-8　向内拉肩[①]

2. 助力顶肩

跪姿，双臂上举，双手交叉于身后的辅助者颈后。辅助者手扶在髋部触碰对方肩胛部位，后仰，用髋部向前上顶，保持片刻（图 7-9 ）。

图 7-9　助力顶肩[②]

3. 背向拉肩

背对墙而立，双臂向后伸展扶墙。呼气，屈膝，重心下移，手臂和上

---

① 张英波．现代体能训练方法 [M].北京：北京体育大学出版社，2006.
② 同上。

体充分伸展,保持片刻(图 7-10)。

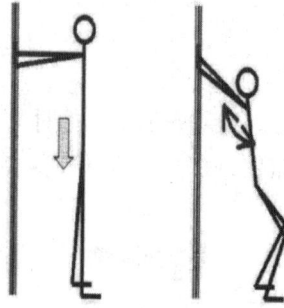

图 7-10　背向拉肩 [1]

（八）腕关节柔韧训练

1. 向内旋腕

站立,双手合掌,手臂伸直。呼气,手腕内旋,双手分离(图 7-11)。

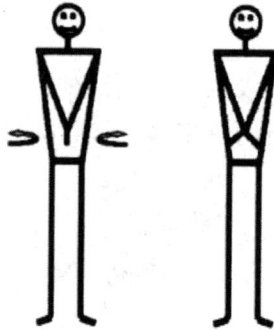

图 7-11　向内旋腕 [2]

2. 跪撑侧压腕

跪姿撑地,手指指向体侧。呼气,重心缓慢向前后方向移动(图 7-12)。

---

① 张英波 . 现代体能训练方法 [M]. 北京：北京体育大学出版社，2006.
② 同上。

图 7-12　跪撑侧压腕 [1]

（九）髋关节柔韧训练

1. 身体扭转侧屈

站姿,左腿伸展、内收,在右腿前交叉。呼气,上体右侧屈,双手尽力触碰左脚跟,保持片刻(图 7-13)。

图 7-13　身体扭转侧屈 [2]

2. 侧卧拉引

侧卧,双腿伸展。呼气,上面腿向体前下方伸展,悬在空中,保持片刻(图 7-14),两腿交替练习。

---

① 张英波 . 现代体能训练方法 [M]. 北京：北京体育大学出版社，2006.
② 同上。

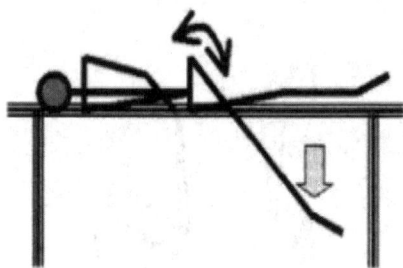

图 7-14 侧卧拉引 [1]

3. 仰卧髋臀拉伸

仰卧,外侧腿从台子上向下移到悬垂空中。吸气,内侧腿屈膝,双手抱膝缓慢拉向胸部,保持片刻(图 7-15)。

图 7-15 仰卧髋臀拉伸 [2]

(十)踝关节柔韧训练

1. 跪撑后坐

跪姿,双手撑地,双脚并拢,脚掌在地面支撑。呼气,臀部向后下方移,保持片刻(图 7-16)。

图 7-16 跪撑后坐 [3]

---

[1] 张英波.现代体能训练方法 [M].北京：北京体育大学出版社，2006.

[2] 同上。

[3] 同上。

2. 踝关节向内拉伸

坐姿,一侧腿屈膝,放在另一侧腿大腿上,同侧手抓屈膝腿的踝关节上部,异侧手抓住屈膝腿的脚外侧。呼气,将踝关节外侧向内拉引,保持片刻(图 7-17)。

图 7-17　踝关节向内拉伸 [①]

二、协调素质训练方法

(一)锥形轮子

1. 练习方法

(1)将若干锥形圆圈(半径 3 ~ 5 米)竖立在地上,保持适宜间距。

(2)从一个锥形物出发向另一个锥形物跑进,每通过一个锥形物时完成一个专项运动技术,将专项技能与跑的练习结合起来。

2. 变换练习

(1)增加阻力或提供辅助进行变换练习,同时穿插变化的专项技能,提高练习级别和难度。

(2)将一个滚动球放在练习区域,通过每个锥形物时要绕开球,不能碰到球也不能被撞到。

[①]　张英波.现代体能训练方法 [M].北京:北京体育大学出版社,2006.

（二）一个接一个的活动

1. 练习方法

（1）选择一个运动场地，场地大小规格依据练习者的运动水平而定，水平越高，场地越大。场地上摆放一排箱子。

（2）练习者分两排站在箱子两侧，面对面，其中一排是主要练习者，另一排负责干扰。

（3）负责干扰的队员向练习者扔沙包等物体，主要练习者面对正对面队员的干扰，要迅速移动闪躲，躲开干扰，闪躲过程中还要保持身体平衡，防止摔倒。

（4）一旦练习者被击中，就与干扰者互换角色。

2. 变换练习

练习者在闪躲过程中采用不同的躲避方式，并完成指定的动作，成功躲避后要及时减速。

（三）扔球

1. 练习方法

（1）练习者站在球上保持平衡，同伴手持球，距离练习者 4 米左右，两人面对面。

（2）同伴松手扔球的瞬间，练习者以最大速度向球的方向冲刺，注意通过摆臂来提速。尽可能在球第一次落地反弹后将球接住。

（3）每成功接球一次，练习者与同伴的距离就增加 1 米，以不断提升练习难度。

2. 变换练习

（1）练习者与同伴站成一排或背对背站立，同伴扔球后，练习者快速转身接球。但同伴松手后要发出信号，使练习者迅速做出反应。

（2）练习者在急速跑动接球或转身接球时可以将一些起动姿势加入其中，或者加入超等长练习。

（3）多球练习，使练习者连续跑动接球。

（四）袋鼠跳

将练习者分成人数相等的两队,两队间隔一定距离成纵队站在起点线后。游戏开始,每队第一人听教练员信号,迅速跳进麻袋,双手提着麻袋口,双脚跳跃,过折返线后钻出麻袋,提着麻袋跑回,交给第二人。第二人继续练习,依次类推,两组最后一人跑回起点线则结束游戏,先完成的队获胜(图7-18)。

图 7-18　袋鼠跳 [1]

（五）跳长绳

将练习者分成两组,每组先选出两人摇绳,其他人陆续全部进入绳中连续跳绳,跳绳停摇为一局,每局进入跳绳人数多的一方或全部进入后跳绳次数多的一队获胜(图7-19)。

图 7-19　跳长绳 [2]

---

[1]　李明强，敖运忠，张昌来．中外体育游戏[M].北京：人民体育出版社，1999.
[2]　同上。

（六）一加一投篮比赛

将练习者分成人数相等的两队,各成一路纵队分别站在两个半场的罚球线后,排头手持篮球,投中可再投一次;如第一次未投中不可再投。排头投篮后传给第二人,自己站到队伍最后,依次类推,直至全队完成投篮,累计投中次数多的一队获胜(图 7-20)。

图 7-20　一加一投篮比赛[①]

（七）空中接球

把练习者分成人数相等的两队,各自选定起跑点,做好标志,各成一路纵队排在助跑道两边。游戏开始,各队第一人自起跑标志加速助跑踏跳成腾空步,在空中接住来球,落地后再将球回传,其他队员依次进行。在空中接住球得 1 分,累计总分多的一队获胜(图 7-21)。

图 7-21　空中接球[②]

[①]　李明强,敖运忠,张昌来.中外体育游戏[M].北京:人民体育出版社,1999.
[②]　同上。

（八）发球得分

将练习者分成人数相同的两组,其中一组所有人站在本方场地端线后,每人各持一球,另一组在场外拾球。持球组排头正面上手发球,向对方号码区击球,球落到几号区得几分,依次进行。两组轮换练习。累计分数多的一组获胜(图 7-22)。

图 7-22　发球得分 ①

第三节　柔韧与协调素质训练的注意事项

一、柔韧素质训练的注意事项

（一）合理安排训练负荷

1.训练频率

每天的拉伸练习至少安排两次,每次要尽可能兼顾对多个肌群的拉伸,而且每个肌群拉伸次数不少于 3 次。

保证一定的训练频率,能够提升运动知觉,增加肌肉弹性,使肌肉感受器更灵敏,更好地加工大量信息,在肌肉受到负荷刺激后做出灵敏和恰当的反应。

---

① 李明强, 敖运忠, 张昌来. 中外体育游戏 [M].北京: 人民体育出版社, 1999.

2. 训练强度

柔韧素质训练强度不大,一般为最大强度的 30% ~ 40%。低强度拉伸也能使肌腱组织和结缔组织的柔韧度提升,并分解与恢复受伤的肌肉组织。如果损伤组织较多,低强度拉伸也不会造成很大的刺激,对组织恢复与再生很有帮助。

做拉伸练习时要注意安全,不能有明显的疼痛感,否则会拉伤肌肉,如果肌肉疼痛感强烈,人会下意识地去采取保护措施,保护意识被激活后,肌肉会潜意识地进入紧张状态,这会制约关节的活动范围。

控制好拉伸练习的强度,还有助于促进肌肉损伤的恢复和结缔组织的重组。

3. 持续时间

一次拉伸练习的持续时间以 1 分钟为宜,如果时间过长,那么也要相应延长间歇时间,这样就会增加张力,对高尔基腱器官造成一定的刺激,使其在负荷下做出一定的反应,从而增加肌肉的紧张度,这容易引起轻微的肌肉撕裂,因此必须控制好持续拉伸时间。

(二)兼顾发展关联部位

体育运动中一些技术动作的完成需要多个关节或部位的协调配合,因此在柔韧素质训练中要注意关联部位的兼顾练习,如果其中一个部位训练不到位,就会影响其他部位的发展,影响动作的顺利完成。兼顾发展关联部位能够满足专项之需,提高动作的质量。

二、协调素质训练的注意事项

(一)注重评估

进行协调性训练,要注意在不同训练阶段科学评估运动员,根据评估结果确定训练方案或调整训练模式,以实现训练效果的最大化。通过评估而科学设计协调能力的训练方法,使运动员通过练习而积极发展综合体能素质与各素质的相互协调能力,并积极影响机体组织系统,尤其是能量供应系统和神经系统。

注意在评估中要综合考虑运动员的性别、年龄、当前运动水平、特长技术以及制约其竞技能力发展的因素,要观察分析运动员哪些素质的发展比较滞后,优先发展落后素质,然后将各方面素质协调起来促进综合体能素质与竞技能力的提升。

（二）制订好训练计划

运动员的运动能力会受到很多因素的影响与限制,教练员要找出重要的限制因素,重点针对这些因素进行训练。此外,在训练中不仅要解决限制因素的问题,还要将多方面的因素协调起来,使运动员得到全方位的提升,促进其竞技能力和运动成绩的提高。

运动员要提高自己的训练能力和参赛能力,就必须坚持不懈地练习,这是必经过程,也是必要手段,而训练安排是否合理直接影响训练效果。因此,必须充分利用好训练这一工具,科学设计训练计划,合理组织与实施训练,落实计划内容,实现计划目标,使运动员经过训练取得理想的训练收益,甚至获得出乎意料的收益。

制订协调素质训练计划,要注意以下几个要点。

第一,明确训练目标,包括终极训练目标、阶段训练目标、单元训练目标和训练课目标等,一步步细化目标,明确方向。

第二,将简单练习放在复杂练习之前,将闭合性技能练习放在开放性技能练习之前,将一般运动技能练习放在专项技能和特技练习之前。

第三,要将限制运动员竞技能力发展的要素一步步优化或消除,最终使各种积极要素协调起来,达到竞技能力发展的最大化。

第四,在协调训练中启动和制动是很常见的,前者要求伸展身体,后者要求适当屈体,在起动与制动中要注意运用好各种反馈,提高协调能力训练效果。

第四节　案例分析（以武术项目为例）

一、武术柔韧素质训练方法

（一）静态拉伸

武术运动对运动员的柔韧性提出了一定的要求,但并不是要求身体绝对的柔软,武术毕竟不是柔术。武术中强调的柔韧是指运动员的关节可以大幅度活动,而且活动中可以快速灵活地屈伸肌肉。武术套路对运动员柔韧性的要求主要体现在多个部位与关节上,如肩部、腰部、髋部、腿部以及膝关节、踝关节、腕关节等。

静态拉伸是缓慢打开肌肉和软组织,肌肉拉伸到自己的最大限度时持续片刻,拉伸幅度要根据自己的实际情况而控制,不能用蛮劲拉伸,以免损坏肌肉。武术运动员通过静态拉伸练习可以很好地改善自己的柔韧性,静态拉伸练习要有规律,要有持久性,这样才能使关节活动更灵活,肌肉屈伸速度更快。

(二)动态拉伸

动态拉伸练习的动作和静态拉伸练习的动作明显不同,动态拉伸的动作有明显的节奏性,肢体活动范围大,通过拉伸肌肉群来提升拉伸部位的柔韧性。这种拉伸练习法在武术套路练习中有很广泛的应用。

在武术套路训练的准备部分,通过踢腿、转体等方法来打开各个关节,身体肌肉温度在短时间内提高,肌肉黏滞性降低,从而为正式练习武术套路打好基础。动态拉伸能够活动身体各部位的肌肉群,使肌肉、韧带的活动更加快速、灵活,使运动员的力量、速度都有所提升,进而使运动员完成武术套路时的表现力更强。动态拉伸时,身体动作的活动范围较大,武术套路看起来会更有力量和活力,质量也会有效提升。

武术运动中燕式平衡是非常典型的动态拉伸训练方法,练习时,双臂在两侧平展,十指张开,身体前俯,右腿向后抬起,膝关节尽可能不要弯曲,左脚支撑身体重心,保持身体平衡,该练习能够促进髂腰肌、股四头肌、臀大肌的柔韧性的改善与发展。

动态拉伸练习是突然性的练习方法,运动员从静止的准备状态突然做大幅度的动作,容易损坏肌肉,引起肌肉疲劳,从而影响拉伸效果。这是动态拉伸的缺陷。

(三)PNF拉伸(本体感受神经肌肉伸展)

PNF拉伸也是柔韧素质训练的重要方法之一,操作方法为先完成一次静态拉伸,然后进行等比强度的肌肉拉伸,使韧带延长,经过多次训练,稳步提升韧带的柔韧性。采用这种练习方法,不仅对发展柔韧性有帮助,还能治疗肌肉损伤,促进肌肉组织的恢复与再生。

在不同身体部位的柔韧素质训练中都可以采用 PNF 训练法。例如,武术运动员要有很好的腰功,采用 PNF 训练法提升腰部柔韧性时,专门的练习方式有左右涮腰、快速翻腰、同侧连续涮腰 / 翻腰、下桥、前手 / 后手翻下桥、左右仆步抢拍等,经过这些练习,武术运动员可以提高腰功,为进一步提升武术套路水平奠定基础。

二、武术协调素质训练与提升

(一)强化身体素质

科学锻炼身体素质,不断优化肌肉构造,可以促进肌肉协调性能的提升,因而在武术训练中应该重视身体素质的锻炼与强化,每周安排一两次体能强化课,课中尽量设置和武术相关的训练内容和方法。武术中的起伏转折、蹿蹦跳跃等动作对运动员的身体协调性能提出了较高的要求,因而要根据专项之需来强化身体素质,通过双脚跳、前后左右单脚跳等训练手段促进武术运动员身体协调性能和肌肉协调性的发展。同时可以通过超套路的训练方法来强化运动员的身体素质,通过一系列条件反射优化运动员的协调性能。可以从与武术相关的运动类型中提炼丰富的条件反射训练内容,这不仅提升了武术运动员的协调能力,也为武术套路训练注入了新鲜血液。

(二)加强基本功练习

武术运动员协调能力的培养应建立在坚实的基本功底上。为有效提升武术运动员的协调能力,必须将基本功训练放在首位,有序开展基本功及基础动作训练,使运动员将基础动作了然于心、幻化与形,高标准、高效率地掌握基础动作,并能够将其组合串联,最终展示出娴熟的、高超的、有力的、连贯的武术套路。

(三)"先形后神"

这里提出的"先形后神"本质上来说是"先易后难"的意思,"形"是指武术的外观形状,也就是"架势",是外练的范畴,在学习上较直观、容易。武术讲究形体规范,只有动作架势准确,才能进一步彰显内涵。而

"神"是抽象概念,最明显的外在体现是眼神。眼神可把武术动作中"攻"与"守"的内涵表现出来。在形神训练中,首先练"形",教练员通过讲解、示范使运动员建立正确的武术感知印象,然后在此基础上练"神"。武术眼法训练必须配合武术基本功,由易到难进行训练。例如,简单动作如"并步直立左右双摆掌"强调眼随手动,手眼配合;复杂动作如"并步直立穿掌"接"提膝亮掌",眼先看右手,再看左手,再看右手,随右手抖腕的同时向左转头,左右多次重复练习。①

---

① 李晓通.试论协调素质在运动员竞技能力发展中的价值[J].文体用品与科技,2018(18):21-22.

参考文献

[1] 冯刚,王琳,薛锋.实用基础体能训练[M].北京:人民体育出版社,2020.

[2] 胡晓燕.体能训练教程[M].广州:广东高等教育出版社,2020.

[3] 赵焕彬,魏宏文.体能训练理论与方法[M].北京:高等教育出版社,2020.

[4][美]霍利斯·兰斯·利伯曼.核心稳定性训练[M].杨溪,译.北京:人民邮电出版社,2015.

[5][美]Bill Foran.高水平竞技体能训练[M].袁守龙,刘爱杰,译.北京:北京体育大学出版社,2006.

[6] 马文海.武术运动生物力学[M].开封:河南大学出版社,2010.

[7][美]美国国家体能协会(National Strengthand Conditioning Association).美国国家体能协会速度训练指南 修订版[M].沈兆哲,译.北京:人民邮电出版社,2019.

[8][澳]保罗·柯林斯.速度制胜 达到运动巅峰的100个速度训练[M].刘建桥,赵超越,译.北京:人民邮电出版社,2017.

[9][美]李·E.布朗(Lee E.Brown),[美]万斯·A.费里格诺(Vance A.Ferrigno).速度、灵敏和反应训练[M].北京:人民邮电出版社,2017.

[10] 黄鹏.运动体能实训指导[M].北京:化学工业出版社,2016.

[11] 陆荣光.论武术运动员的速度训练[J].宁德师专学报(自然科学版),2002(02):182-185.

[12] 刘薇.武术套路柔韧素质训练的方法研究[J].当代教研论丛,2018(11):116-117.

[13] 杜新杰.竞技武术套路运动员柔韧素质的训练措施分析[J].体育世界(学术版),2019(08):99+86.

[14] 杨炯.武术套路运动协调能力的特殊表现及其培养[J].浙江体

育科学,2008（05）：62-65.

[15] 陈静.武术套路运动协调能力的表现及其培养 [J]. 搏击（武术科学）,2012,9（07）：50-53.

[16] 李晓通.试论协调素质在运动员竞技能力发展中的价值 [J]. 文体用品与科技,2018（18）：21-22.

[17] 张英波.现代体能训练方法 [M]. 北京：北京体育大学出版社,2006.

[18] 李明强,敖运忠,张昌来.中外体育游戏 [M]. 北京：人民体育出版社,1999.

[19] 刘国峰,银小芹.浅析武术散打运动员专项耐力训练 [J]. 中华武术(研究),2011,1（04）：53-54.

[20] 董小强,李业幸.武术套路运动中耐力训练的研究 [J]. 桂林航天工业学院学报,2014,19（03）：313-316.

[21] 侯彦楼,呼美兰.普通高校体育系武术套路专选班学生耐力素质锻炼分析 [J]. 搏击（武术科学）,2010,7（02）：49-50+57.

[22] 杨海平,廖理连,张军.实用体能训练指南 [M]. 广州：广东高等教育出版社,2013.

[23] 赵琦.体能训练理论与方法 [M]. 南京：东南大学出版社,2017.

[24] 张慧珍,包金玉,吕永忠.摔跤运动员力量训练方法探析 [J]. 文体用品与科技,2020（06）：216-217.

[25] 聂晓明.摔跤运动员的专项力量训练思路 [J]. 体育风尚,2020（06）：73.

[26] 赵光圣,刘宏伟.跆拳道运动教程 [M]. 北京：高等教育出版社,2015.

[27] 金宗强,鲍勇.体能训练在竞技运动中的实验应用研究 [M]. 天津：天津大学出版社,2018.

[28] 王向宏.体能训练理论与方法 第2版 [M]. 北京：北京航空航天大学出版社,2014.

[29] 康利则,马海涛.体能训练理论与方法 [M]. 西安：陕西人民出版社,2011.

[30] 褚丽娟,窦永涛,岳鹏.实用体能训练研究 [M]. 长春：东北师范大学出版社,2011.

[31] 龙春生.体能训练法 [M]. 沈阳：辽宁大学出版社,2009.

[32] 张慧斌 . 实用体能训练理论与方法 [M]. 北京 : 中国轻工业出版社 , 2010.

[33] 孟国荣 , 张华 , 李士荣 . 基础体能训练方法解析 [M]. 哈尔滨 : 哈尔滨地图出版社 , 2009.

[34] 张建强 . 大众体育体能训练理论与实践研究 [M]. 北京 : 人民出版社 , 2012.

[35] 杨海平 . 实用体能训练指南 [M]. 广州 : 广东高等教育出版社 , 2013.

[36] 王卫星 . 高水平运动员体能训练的新方法 [M]. 北京 : 北京体育大学出版社 , 2013.

[37] 胡奎娟 . 体育院校体能训练专业课程建设的探索与实践 [J]. 体育科技文献通报 , 2018 , 26（06）: 8–9+22.

[38] 李铂 . 实用体能训练方法 [M]. 北京 : 化学工业出版社 , 2015.